College 1
English

College English 1

정효숙 지음

이 책은 영어 기초가 부족한 학생과 성인들이 영어를 쉽게 공부할 수 있도록 구성하였다. 그리하여 문법이나 어휘가 부족한 학생들도 영어에 흥미와 자신감을 갖게 하는 것이 이 책의 목표이다. 각 단원들은 최근의 사회적 이슈나 문제들에 관해 독해 부분과 회화 부분으로 구성하였다.

독해 부분과 회화 부분에 대해 각각 해석과 주요 어휘를 정리하였다. 또한 영어의 주요 문법이나 문장 구조를 잘 이해할 수 있도록 상세한 설명과 예문을 제시하였다. 그리하여 혼자서도 이 책을 공부할 수 있게 하였다.

각 단원의 이야기는 쉬운 문장을 사용하고 있어서 영어에 자신이 없는 사람도 어려움이나 지루함을 느끼지 않게 하였다. 이 책을 공부하는 방법은 해석과 구문을 모두 이해한 후에 거꾸로 한글로 된 해석을 보고 영어로 다시 쓰거나 말할 수 있도록 공부하는 것이 좋다. 독해로 이루어진 문장이 어려우면 회화체 내용을 중심으로 학습하는 것도 좋은 방법이다. 그리하면 현 사회의 이슈들에 대해서 내국인이나 외국인 혹은 어떤 단체의 면접관 앞에서도 영어로 의견을 자유자재로 피력할 수 있는 능력과 자신감을 기를 수 있을 것이다. 부디 이 책을 통하여 사회적 문제를 쉬운 영어로도 표현할 수 있는 방식을 익혀서 글로벌 시대에 영어로 자신의 생각을 적극적으로 표현할 수 있는 사람이 되기를 바란다.

CONTENTS

01 More Foreigners, Fewer Americans

많은 외국인, 소수의 미국인

Reading Comprehension

In many of the major American universities, the campus is getting full of foreign students. Especially in the field of computer science, the classrooms are crowded with young Asian students. ① They study so hard that they often get what is called '*summa cum laude.*' Certainly they are hard-working youths. There is a kind of worry behind the peaceful campus. Though universities are making great advances, ② a large part of the advances are made by those foreigners. Many go back to their countries after they graduate. Ten years ago, British universities almost doubled the tuition fees for foreign students to protect British students. What is going to happen with American universities?

미국의 주요 대학들 중 많은 곳이 외국 학생들로 캠퍼스가 가득 메워지고 있다. 특히 컴퓨터 과학 분야에는 젊은 아시아계 학생들로 강의실이 붐빈다. 그들은 너무 열심히 공부해서 종종 최우수 성적자라는 영예를 수상한다. 확실히 그들은 근면한 젊은이들이다.

평화로운 캠퍼스 이면에는 일종에 걱정거리도 있다. 대학들이 커다란 발전을 이루었다고 해도 그런 발전의 대부분은 외국 학생들에 의해 이루어진 것이다. 많은 학생들이 졸업 후에는 그들의 고국으로 돌아간다. 10년 전 영국의 대학들은 영국 학생들을 보호하기 위해 외국인 학생들의 수업료를 거의 2배로 인상했다. 미국의 대학에서는 무슨 일이 일어날까?

■ Words & Phrases

be(get) full of~: ~가득 찬
field: 분야
be crowded with~: ~로 붐비다
What is called: 소위, 이른바
summa cum laude: 최고의 영예로, 최우수 성적으로
hard-working: 공부 잘하는, 근면한, 일 잘하는
a kind of: 일종의
worry: 걱정
behind: 배후에
make a great advance: 장족의 발전을 이루다
graduate: 졸업하다
double: 2배가 되다
tuition fee: 수업료, 학비

■ Grammatical Points

① They study so hard that they often get what is called '*summa cum laude*'.

: 'so…that~' 용법은 '너무 …해서~하다'라는 뜻으로 '너무 열심히 공부해서 그들은 종종 소위 *summa cum laude*라는 최우수상을 탄다'라는 의미이다.

② a large part of the advances are made by those foreigners.

: 동사가 'be+p.p.'인 수동태 문형이다.

※ 수동태 만드는 법

(a) 능동태의 목적어가 수동태의 주어가 된다.
(b) 능동태의 동사를 'be+p.p.'로 바꾼다. be 동사는 수동태의 주어인 인칭, 수에 따라서 바뀌며, 시제는 능동태의 시제와 일치시켜 be 동사의 시제를 바꾼다.
(c) 능동태의 주어가 수동태의 목적어가 되며, 'by+목적격'으로 나타낸다.
    e.g. My father made my desk and chair
    → My desk and chair were made by my father.

● 'by+목적격'을 생략하는 경우
(a) 능동태의 주어가 일반인을 나타내는 we, you, they, one, people일 때 'by+목적격'을 생략하는 경우가 많다.
(b) 능동태의 주어가 분명하지 않거나, 행위자를 나타낼 필요가 없을 경우에도 'by+목적격'이 생략된다.
    e.g. The museum was built fifty years ago.
        그 박물관은 50년 전에 지어졌다.

● 수동태를 만들 수 없는 자동사
목적어가 필요한 타동사는 수동태로 바꿀 수 있지만, 목적어를 필요로 하지 않는 자동사는 수동태로 바꿀 수 없다.
occur/happen(일어나다), appear(나타나다), disappear(사라지다), rise(오르다), remain(여전히 ~이다)

Speaking Practice

A: When is the last day to _____ for classes?

수강등록 신청 마감일이 언제야?

B: The registration _____ is tomorrow.

수강신청 마감은 내일이야.

A: How many classes are you _____?

수업은 몇 개 들어?

B: Three.

3과목.

A: How many semester hours can we take?

몇 학점을 신청할 수 있는데?

B: 12 units is full load.

최대 12학점까지 들을 수 있어.

A: I will register for English with Professor Chung.

나는 정교수님의 영어수업을 등록할 거야.

B: I heard she is a _____ _____.

나는 그 교수님이 점수를 짜게 준다고 들었는데.

A: So did I. I hope the class is not too_____.

나도 그렇게 들었어. 강의가 너무 힘들지 않기를 바라.

B: If it's too hard, we should _____ it.

너무 힘들면 수업을 철회해야 해.

■ Words & Phrases

registration deadline: 수강신청 마감일
take: 취하다
unit: 단위, 학점
a full load: 최대한
tough grader: 점수를 짜게 주는 사람, 학점을 잘 주는 선생님은 generous grader이라고 한다
drop: 취소하다
register for, sign up for: …수강신청하다

When is the last day to register for classes?

: to register는 to 부정사의 형용사적 용법으로 last day를 수식하고 '수업등록을 할 마지막 날'로 해석된다.

So did I

: 'I heard, too'와 같은 의미이다.

I heard she is a tough grader.

: I heard (that) she is a tough grader.

목적어를 나타내는 명사절을 이끄는 접속사 that이 생략되었다.

■ Note

수강신청할 때 알아야 할 것
credit: 학점
credit hours: 한 학기에 수강하는 강좌의 학점 수
tough grader: 점수를 짜게 주는 사람, 반대는 generous grader
The subject is closed: 그 과목은 마감되었다
optional subject: 선택과목
I'm taking 15 credits: 15학점을 수강하고 있다
We must take more than nine credits per term: 매 학기마다 9학점 이상을 취득해야 한다
When can I add or drop courses?: 언제 과목을 변경할 수 있어요?
add/drop period: 수업을 추가하거나 취소하는 기간
If your G.P.A. is less than 2.0 in three or more courses, you'll be expelled: 평점이 2.0 미만인 과목이 3개 이상이면 퇴학을 당할 것이다
audit/sit in on: 청강하다

02 It is quite difficult to find a job in Korea nowadays

오늘날 한국에서 직업 갖기가 참으로 어렵다

Reading Comprehension

① It is quite difficult to find a job in Korea nowadays. A 33-year-old Ph. D. holder, Mr. Kim has written 100 letters to companies this year. He has waited months and got answers from two of them. ② One company is a small book store which also sells used books. This is not bad, because the other one is a company selling lingerie.

Both of them want him for a shop assistant. They will give him an interview in a week. Neither of them sounds like an exciting job for a learned man of 33. But he has no choice. He is getting unemployment benefits. He thinks that it's not enough.

요즈음 한국에는 일자리를 찾기가 어렵다. 33살의 박사 학위 소지자 김 씨는 올해 여러 회사에 100통의 편지를 보냈다. 그는 수개월을 기다렸고 두 회사로부터 답장을 받았다. 한 회사는 중고서적을 파는 조그만 서점이다. 그래도 이것은 괜찮은 것이다. 왜냐하면 다른 한 회사는 여성용 속옷을 파는 회사이기 때문이다.

그 두 회사는 둘 다 그를 점원으로 채용하기를 원하며 일주일 후에 면접을 볼 것이다. 학식 있는 33살의 남자에게는 그 두 회사가 매력적인 일자리 같지는 않다. 그러나 그는 선택의 여지가 없다. 그는 실업수당을 받고 있고 그것만으로는 생활하기가 충분하지 못하다고 생각한다.

■ Words & Phrases

Ph. D. holder: 박사학위 소지자
used book: 헌책, 중고책
shop assistant: 점원
in a week: 1주일 후에
neither: 둘 다~ 이 아니다
sound like: ~처럼 들리다
learned: 학식 있는
have no choice: 선택의 여지가 없다
unemployment benefit: 실업수당

■ Grammatical Points

① **It is quite difficult to find a job in Korea**

: it은 가주어이고 진주어는 'to find a job in Korea'이다.

※ **가주어 it**

· 문장에서 주어가 너무 긴 경우 가주어 it을 놓고 진주어를 문장의 뒤에 놓는다. 'It is ~ +to 부정사'에서 it은 가주어이고 to find a job in Korea가 진주어이다. 이때 가주어 it은 해석하지 않고, 진주어를 문장의 주어로 해석한다.
  e.g. To talk with her is pleasant.
      (그녀와 이야기하는 것은 즐겁다.)
    → It is pleasant to talk with her.

· **to 부정사의 의미상의 주어**
  가주어 구문에서 to 부정사의 의미상의 주어는 'for+목적격'의 형태이다. 하지만 to 부정사 앞에 사람의 성질을 나타내는 형용사가 오면 의미상의 주어는 'of+목적격'의 형태가 된다.
  e.g. It is so kind of her to help me at that time.
      (그때 나를 도와주다니 그녀는 정말 친절하다.)
      It is necessary for children to have various experiences.
      (아이들이 다양한 경험을 해 보는 것이 필요하다.)

---

② **One company is a small book store which also sells used books.**

:   선행사   관계대명사(주격)

    (한 회사는 또한 중고책을 파는 작은 서점이다.)

※ 주격 관계대명사

관계대명사는 문장에서 명사(주어, 목적어, 보어)와 접속사의 역할을 동시에 한다. 또한 앞에 있는 명사(선행사)를 수식해주는 형용사절 역할을 한다. 원래 문장에서 관계대명사가 대신해주는 (대)명사의 역할에 따라 격이 결정된다. 주격 관계대명사 주어의 역할을 대신하여 관계대명사 다음에 동사가 온다.

· 선행사가 사물인 경우
수식을 받는 명사(선행사)가 사물일 경우 which나 that을 쓴다.
e.g. I want to buy a watch which is waterproof.
　　　(나는 방수가 되는 시계를 사기를 좋아한다.)

· 선행사가 사람인 경우
수식을 받는 명사(선행사)가 사람인 경우에는 관계대명사 who나 whom을 사용한다.
e.g. He is my friend who enjoys watching horror movies.
　　　(그는 공포영화를 보기를 즐기는 내 친구다.)

· 계속적 용법
주격 관계대명사 앞에 콤마(,)를 사용하면 관계대명사 절이 선행사를 수식하는 것이 아니라 선행사를 보충 설명해준다.
e.g. I have two friends, who live in Canada.
　　　(나는 친구가 두 명 있는데 그들은 캐나다에 산다.)

· '주격 관계대명사+be 동사'의 생략
주격 관계대명사와 be 동사가 함께 쓰이면 생략이 가능하다.
e.g. This is a movie (which was) made by my friend.
　　　(이것은 내 친구가 만든 영화이다.)

· that은 선행사에 관계없이 who나 which 대신 쓸 수 있다.
e.g. I'm interested in the school that has a soccer team.
　　　(나는 축구팀이 있는 그 학교에 관심이 있다.)

※ 관계대명사 선행사와 격에 따른 분류

관계대명사	주격	소유격	목적격
who(선행사: 사람)	who	whose	whom
which(선행사: 사물)	which	of which (=whose)	which
that(선행사: 사람, 사물)	that	-	that
what(선행사 없음)	what	-	what

Speaking Practice

W: Why are you studying English so _____?

너는 왜 그렇게 영어를 열심히 공부하니?

M: I want to be a _____ _____, so I've got to be really _____ at English.

비행기 승무원이 되고 싶거든. 그래서 영어를 정말 잘해야 돼.

W: Oh, I see. I bet you want to travel _____ the world.

아, 그렇구나. 너 전 세계를 여행하고 싶어서 그러는구나.

M: Of course, but I also want to be able to _____ to people in other countries.

맞아, 그리고 또 다른 나라 사람들에게 말할 수 있으면 좋겠어.

W: What do you do to help you _____? Read books? _____ movies?

배우기 위하여 어떻게 하니? 책을 읽니? 아니면 영화를 보니?

M: No, I _____ the Internet for a couple of hours every day. I _____ news rooms and _____ e-mails.

아니, 매일 두어 시간씩 인터넷을 활용해. 뉴스 사이트를 방문하고 이메일을 보내지.

W: Wow, you're so _____.

와, 너 아주 자극을 받았구나.

M: Well, I'm getting _____ and marks have_____ a lot.

응, 점점 좋아져서 점수도 많이 올랐거든.

■ Words & Phrases

flight attendant: 승무원
be good at: ~을 잘하다(≠be poor at)
I bet: 장담하다
be able to~: ~할 수 있다
talk to~: ~에게 말하다
get better: 나아지다
mark: 점수
motivate: 자극하다, ~에게 동기를 주다, motivated 자극받은
improve: 한층 더 좋게 되다, 개선하다, 증진하다

■ Grammatical Points

What do you do to help you learn?

: to help you learn는 to 부정사의 부사적 용법 중 목적으로 '네가 배우는 것을 돕기 위하여'라고 해석한다. 'help+목적어+목적격 보어' 구문에서 목적격 보어의 형태는 동사원형과 to 부정사 모두 가능하다.

I'm getting better

: 'get+형용사'는 '~이 되다'는 의미이다. 이 문장에서 better는 good의 비교급으로 '점점 나아지고 있다'의 뜻이다.

Unit

03 Wearing Green on Saint Patrick's Day

성패트릭의 날에 녹색 옷 입기

Reading Comprehension

Saint Patrick is the patron saint of Ireland, and many people in the United States commemorate this day (March 17) by wearing something green, the color that is traditionally associated with Ireland. There is a big gala parade in New York City, and ① millions of real shamrocks flown in from Ireland are used for decorations. ② Green balloons and green and gold peanuts are sold by the hundreds. Shops prepare green pasta, green ice cream, and green bread, and people drink Irish coffee and sing Irish songs throughout the day.

성 패트릭은 아일랜드의 수호성인이다. 미국의 많은 사람들은 녹색 옷을 입어 이날(3월 17일)을 기념하는데, 녹색은 전통적으로 아일랜드를 연상시킨다. 뉴욕 시에서는 성대한 축제 행렬이 있는데, 아일랜드에서 들여온 토끼풀 수백만 개가 장식을 위해 사용된다. 녹색 풍선과 황록색 땅콩도 수백 개씩 팔린다. 상점들은 녹색 파스타와 녹색 아이스크림, 그리고 녹색 빵을 준비하고 사람들은 아이리쉬 커피를 마시고 하루 종일 아일랜드 노래를 부른다.

■ Words & Phrases

patron: 후원자
saint: 성인
commemorate: 기념하다
traditionally: 전통적으로
be associated with: ~와 관련하다
gala: 경축, 축제
millions of: 수백만의
shamrock: 토끼풀
fly-flew-flown
decorations: 장식

■ Grammatical Points

① millions of <u>real shamrocks (which are) flown in from Ireland</u> <u>are used</u> for decorations.

: 주격 관계대명사 'that+be 동사'가 생략되었고 flown in from Ireland가 shamrocks를 수식하고 are used가 동사인 수동태 문장이다.

② Green balloons and green and gold peanuts are sold by the hundreds.

: 이 문장을 능동태로 고치면 The hundreds sell green balloons and green and gold peanuts가 된다.

Speaking Practice

A: How do you _____ my new sweater?

제 새 스웨터 어때요?

B: Very becoming. I _____ like that shade of green. What's the occasion?

대단히 잘 어울려요. 전 특히 그 녹색 색조가 마음에 들어요.
무슨 일 있으세요?

A: I thought I'd ____ two birds with one _____. ____ of all, I needed a new sweater and, of course, since Saint Patrick's Day is coming up, I thought I'd get it in green.

제가 일석이조를 얻은 것 같아요. 무엇보다도, 새 스웨터가 필
요했고요. 그리고 당연히 성 패트릭의 날이 다가오고 있기 때

문에 그린색 스웨터를 사야겠다고 생각했어요.

B: Good thinking. Now all you need are the shoes and skirt to go
_____ it. Green, of course.

좋은 생각이네요. 이제 당신이 필요한 것은 그것에 어울리는
구두와 스커트만 있으면 되겠네요. 물론, 녹색이겠죠?

A: Of course.

물론이지요.

■ Words & Phrases

How do you like~: ~을 어떻게 생각하니?
becoming(복장 따위가): 잘 어울리는
shade: 명암, 색조
occasion: 경우, 때
kill two birds with one stone: 일석이조
first of all: 무엇보다도
go with: 어울리다, 조화되다

■ Grammatical Points

How do you like my new sweater?

: 나의 새 스웨터를 어떻게 생각하세요?

How do you like~?은 '~을 어떻게 생각해?'라는 의미로 어떤
대상에 대한 상대방의 감정을 묻는 표현이다.

What do you like~?는 틀린 문장이다.

All you need are the shoes and skirt to go with it.

: All (which) you need are the shoes and skirt to go with it.

목적격 관계대명사 which가 생략되었고 you need가 all을 수식하고 주어는 all you need(네가 필요한 모든 것)이고 동사는 are이다. to go with it은 shoes and skirt를 꾸며주는 to 부정사의 형용사적 용법이다.

first of all

: 우선, 다른 무엇보다도

First of all, beds should be comfortable.

우선, 침대는 편해야 한다.

cf. above all, most of all 등의 유사 표현이 있다.

Unit

04 April Fools' Day

만우절

Reading Comprehension

On April 1st, a country bus was going along a winding road when it slowed down and stopped. The driver anxiously turned switches and pressed buttons, but nothing happened. Then he turned to the passengers with a worried look on his face and said, "This poor bus is getting old. ① There's only one thing to do if we want to get home today. I shall count three, and on the word 'three', ② I want you all to lean forward suddenly as hard as you can. Now, all of you lean back as far as you can in your seats and get ready."

"One! Two! Three!" counted the driver. The passengers all swung forward suddenly and the bus started up at a great rate.

The passengers breathed more easily and began to smile with relief. But their smiles turned to surprised and then delighted laughter when the driver merrily cried, "April Fool!"

4월 1일, 시골버스가 굽이진 길을 달리고 있었는데, 점차 버스 속력이 떨어지더니 결국 멈춰 버렸다. 운전사는 걱정스러운 듯이 여기 저기 스위치를 만지작거렸으나, 아무런 변화도 생기지 않았다. 운전사는 걱정스러운 얼굴로 승객에게 이렇게 말했다. "이 버스는 낡았습니다. 여러분 오늘 안에 집에 돌아가고 싶다면 해볼 수 있는 것은 딱 하나, 내가 셋을 세면 그 세 번째에 일제히 힘껏 몸을 앞으로 굽혀 주십시오. 이제 승객들 모두 좌석에서 할 수 있는 상체를 뒤로 젖히고 준비하세요."

운전사가 "하나, 둘, 셋"을 세었다. 승객들이 갑자기 몸을 앞으로 움직이자 버스는 다시 기세 좋게 달리기 시작했다. 승객들은 숨을 내쉬며 안도로 미소를 짓기 시작했다. 그러나 운전사가 명랑하게 "만우절이에요!"라고 외쳤을 때, 그들의 미소는 놀라움으로, 그리고 곧 즐거운 웃음으로 바뀌었다.

■ Words & Phrases

go along: ～을 따라가다
wind: 굽이치다, 꾸불꾸불 나아가다
winding road: 구불구불한 길
anxiously: 염려스러운 듯이, 걱정하여, 근심하여
nothing happened: 아무 일도 생기지 않았다
worried look: 걱정스러운 표정
get old: 낡아지다
want+목적어+to do의 어법(5형식): ～가～하기를 원하다
as ～as one can=as ～as possible
There is nothing else～: ～한 것은 그밖에 없다, 그밖에 아무것도 없다
lean forward: 앞으로 굽히다
lean back: 뒤로 굽히다
swing: 흔들리다 (swang; swung)
rate: 속도
breathe: 호흡하다
delighted laughter: 기쁜 웃음
merrily: 즐겁게

■ Grammatical Points

① **There's only one thing to do if we want to get home today.**

: 명사를 수식할 수 있는 것은 형용사인데 동사 do가 명사 one thing을 수식할 수 없으므로 동사 do 앞에 to를 붙여서 one thing을 수식하는 형용사 역할을 하게 만든다. 이러한 것을 to 부정사의 형용사적 용법이라고 한다.

② **I want you all to lean forward suddenly as hard as you can.**

: 'want A to B' A가 B 하는 것을 원한다.

'as+형용사/부사+as 주어 can'은 '가능한 한 ～하게'라는 의미로 형용사(부사)의 원급을 사용한 비교 구문이다.

Speaking Practice

A: _____ bus goes to Seoul Station?

서울역에 몇 번 버스가 가나요?

B: _____ the bus #5, and _____ to metro Blue line at Jongkak.

5번 버스타고 종각에서 Blue 라인 지하철로 갈아타세요.

A: What's the subway _____ to there?

거기까지 지하철 요금이 얼마죠?

B: It's probably around 1,500 won.

약 1,500원일 것입니다.

A: How many _____ from Jongkak is it?

종각에서 몇 정거장이나 떨어져 있죠?

B: That would be ＿＿ stop from there.

거기서 3정거장입니다.

A: Which exit is ＿＿ Seoul Station?

몇 번 출구로 나가야 하죠?

B: ＿＿＿ number 2. Go ＿＿＿＿ ahead and you'll come right to it.

2번 출구요. 곧장 가시면 도착하실 겁니다.

■ Words & Phrases

take: 타다
transfer: 갈아타다 (change)
fare: 요금
stop: 정류장
exit: 출구

■ Grammatical Points

Go straight ahead and you'll come right to it.

: '명령문+and' '…해라, 그러면~이다' 문장이다.

Unit

05

Home Stay Programs

홈스테이 프로그램

Reading Comprehension

Many people throughout the United States have opened their homes to non-English-speaking students from around the world. ① Home stay programs give international students the chance to learn English and American culture in a friendly family setting. ② There is no better way to learn about a culture and perfect your foreign language skills than to experience everyday life with a local family.

③ Students who are accepted into the program become a member of the family they are staying with. This means students are expected to complete daily chores and help the family out in any way they can. The program costs $600 for one month period. The program fee includes a private bedroom and regular meals.

미국 전역의 많은 사람들이 세계 각국에서 온 비영어권 학생들에게 그들의 가정집을 개방한다. 홈스테이 프로그램은 국제 학생들에게 친밀한 가정환경에서 영어와 미국의 문화를 배울 기회를 제공한다. 문화를 배우고 당신의 외국어 기술을 익히기 위해서 그 지역 가정에서 일상생활을 경험하는 것보다 더 좋은 방법은 없다. 그 프로그램에 참가가 허락된 학생은 그들이 머무는 가정의 한 구성원이 된다.

이것은 학생들이 그들이 할 수 있는 어떤 방식으로 그 가족을 돕고 일상의 집안 허드렛일을 하여야 한다는 것을 의미한다. 그 프로그램은 한 달 기간에 600불이다. 프로그램 요금은 개인 방과 일상의 식사를 포함하고 있다.

■ **Words & Phrases**

throughout: 도처에, 처음부터 끝까지
non-English-speaking: 영어를 사용하지 않는
give+···에게(간접목적어)+~를(직접목적어): ···에게~를 주다
chance to learn: 배울 기회(to 부정사의 형용사적 용법)
in a friendly family setting: 친근한 가족적인 환경에서
there is no better way to learn about~: ~에 대해서 배우는 더 좋은 방법은 없다
better way to learn~ and perfect: 동사 learn과 perfect가 way(방법)을 수식
better~ than: (비교급 구문)
students who are accepted into the program: 프로그램에 수락된 학생들
the family (that) they are staying with: they are staying with가 family를 수식
be expected to~: (당연한 일로서)~하도록 요구되다
complete: ~을 끝내다, 성취하다
chores: (가정의) 잡일, 허드렛일(세탁, 청소 등)
help out: 거들다
cost: (돈, 비용이) 얼마 들다
fee: 요금, 사례 admission fee 입장료

■ **Grammatical Points**

① **Home stay programs give international students the chance** (4형식)

　주어　　　　　 동사　　간목(···에게)　　직목(~를)

　(홈스테이 프로그램은 국제 학생들에게 기회를 준다.)

= **Home stay programs give the chance to international students** (3형식)

　주어　　　　　 동사 직접목적어　　 간접목적어

② There is no better way to learn about a culture and perfect your foreign language skills than to experience everyday life with a local family.

: to learn about a culture와 perfect your foreign language skills 가 way를 수식한다.

③ Students who are accepted into the program become a member of the family they are staying with.

: who는 주격 관계대명사로서 who are accepted into the program은 students를 수식한다. the family (that, which) they are staying with에서는 목적격 관계대명사가 생략된 것이다.

Speaking Practice

A: I'm always amazed at how _____ you speak English. You must
have _____ very hard.

당신의 유창한 영어에 언제나 놀라고 있습니다. 열심히 공부하
셨겠군요.

B: Thank you for the _____. I _____ to study English in
_____ school like everybody else in Korea.

칭찬해주셔서 감사합니다. 한국의 다른 사람들과 마찬가지로 초
등학교 때부터 영어를 배우기 시작했습니다.

A: But not many people I know speak English as _____ as you.

그렇지만 제가 알고 있는 사람 중에 당신만큼 영어를 잘하는 사람은 없습니다.

B: Don't _____ me. Well, hm··· I listen to the radio and watch English programs on television as much as _____.

너무 비행기 태우시네요. 라디오를 듣거나 TV의 영어 방송을 가능한 한 많이 듣고 보고 있습니다.

A: I _____ some Korean classes when I was a university student. And it's been almost a yeat _____ I came to Korea, but I still have much difficulty _____ and _____ Korean. Your English is _____ better than my Korean.

대학시절 한국어 수업을 받았습니다. 그리고 한국에 와서 이제 1년 남짓 되었지만 한국어를 이해하고 말하는 데 아직 많은 어려움이 있습니다. 당신의 영어는 내 한국어보다 훨씬 훌륭합니다.

B: English is my _____ in college. So I do nothing ___ study English.

대학 전공이 영어입니다. 그래서 영어공부밖에 안 합니다.

A: What _____ do you do to _____ your English?

영어실력을 향상시키기 위해 그 밖에 무엇을 하고 있습니까?

B: I _____ to MP3 on the subway.

전철 안에서 MP3를 듣습니다.

■ Grammatical Points

You must have studied very hard.

: 과거의 일에 대한 강한 추측을 나타낼 때 'must have+과거분사'
를 쓴다.

I'm always amazed at how well you speak English.

: how well you speak English는 '의문사+주어+동사' 순서의 간접
의문문으로 동사 be amazed at의 목적어 역할을 한다.

But not many people I know speak English as well as you.

: But not many people (whom) I know speak English as well as you.
목적격 관계대명사 whom이 생략되었고 I know가 many people
을 수식하고 주어는 not many people I know이고 동사는 speak
이다.

※ as ~as의 여러 가지 쓰임

· as ~as…: …만큼~하다
  e.g. His face was as hot as fire.
      (그의 얼굴은 불처럼 뜨거웠다.)

· as much as…: …만큼 많이
  e.g. Take them as much as you want.
      (원하는 만큼 (많이) 가져가세요.)

· as ~as possible: 가능한 한 ~하게
  e.g. She shouted as loudly as possible.
      (그녀는 가능한 한 크게 소리 질렀다.)

· as long as~: ~하는 한
  e.g. As long as I am here, you're safe.
      (내가 여기에 있는 한 너는 안전하다.)

Korea elects first woman president
대한민국 첫 여성 대통령

WOMEN LEAD

Reading Comprehension

① Korea elected its first woman president, Park Geun-hye, eldest daughter of former military strongman Park Chung Hee. The victory will put Park back the Blue House, ② where she spent her teenage years and also served as acting first lady after her mother's assassination in 1974. Park left the Blue House after the 1979 assassination of her father by his own spy chief.

Korean voters choose the conservative stands of Park in the midst of concerns about an economic slowdown or recession and security challenges by North Korea.

한국은 박정희 전 대통령의 장녀인 박근혜 씨를 첫 여성 대통령으로 선출했다. 이 승리로 박근혜 씨는 10대를 보냈고 어머니가 암상당한 1974년 이후 퍼스트레이디 역할을 맡으며 지냈던 청와대로 다시 돌아가게 됐다. 박은 1979년 아버지가 안기부장에 의해 암살된 후 청와대를 떠났다.

한국인 투표권자들은 경기침체와 북한의 안보위협에 대한 불안 속에서 박 후보의 보수적인 정책을 선택했다.

■ Words & Phrases

elect: 선출하다
president: 대통령
eldest daughter: 큰딸
former: 전임의, 이전의
military: 군사의
strongman: 실력자, 독재자
put back: (제자리로 되돌리다)
teenage: 10대의 연령
serve as~: ~로 봉사하다
act: ~로 역할을 하다
acting: 대리의, 임시의
assassination: 암살
spy chief: 안기부장
voter: 투표권자
choose: 선택하다
conservative stands: 보수적인 주장
in the midst of: ~의 가운데서
concern: 우려
economic slowdown: 경기 둔화
recession: 불경기, 불황
security challenge: 안보 위협

■ Grammatical Points

① Korea elected its first woman president, Park Geun-hye, eldest daughter of former military strongman Park Chung Hee.

: elected+목적어(its first woman president)+목적보어(Park Geun-hye, eldest daughter of former military strongman Park Chung Hee)의 5형식 문장이다.

② where she spent her teenage years and also served as acting first lady

: where 관계부사 계속적 용법. where는 and there로 바꿀 수 있다. there는 Blue House이다.

※ 관계부사 where/when

· 관계부사는 부사의 역할과 접속사의 역할을 동시에 하며 두 문장을 연결하는 말이다.

· 관계부사절은 선행사를 수식하며, 선행사가 장소에 대한 것이면 where, 시간에 관한 것이면 when, 이유이면 why이다. 방법을 나타내는 관계부사 how는 선행사와 같이 쓰지 않고 선행사나 how 중 하나만 쓴다.
e.g. I remember the day when he visited my house.
(나는 그가 우리 집을 방문한 날을 기억한다.)
Autumn is the season when I usually catch a cold.
(가을은 내가 보통 감기에 걸리는 계절이다.)
Jeju Island is the place where my mom was born.
(제주도는 우리 어머니께서 태어나신 곳이다.)
Suwon is the city where I was educated.
(수원은 내가 교육을 받았던 도시이다.)

This is <u>the reason why</u> she left early.
(이것이 그녀가 일찍 떠난 이유이다.)
This is <u>the way how</u> I learned to swim. (x)
This is <u>how</u> I learned to swim. (o)
This is <u>the way</u> I learned to swim. (o)
(이것이 내가 수영을 배운 방법이다.)

Speaking Practice

A: Do you have Presidents' Day ___ on Monday?

월요일에 대통령의 날 휴가를 받았니?

B: Sure do, and I need the _____!

그럼, 그리고 나는 쉬어야 해.

A: Doing anything _____?

무슨 특별한 일 있니?

B: I plan to go car shopping. This is the perfect time to do it. All of the car dealers are having fabulous sales on leasing and on buying.

자동차 쇼핑을 할 거야. 이때가 그 일을 하기에 안성맞춤이지. 모든 자동차 판매상들이 임대와 구매에 엄청난 할인 판매를 하고 있어.

A: You can't go _____ on a day like that. Why don't you drop
___ after you've gotten "the deal of deals" and let me see what
you've picked up?

그런 날 네가 잘못될 수는 없지. '최상의 거래'를 하고 난 후에
여기 잠깐 들러서 네가 무엇을 골랐는지 보여줘.

■ Words & Phrases

off: 일하지 않고, 휴업 중인
I had an afternoon off: 오후는 쉬었다
break: (일, 수업 등) 잠깐의 휴식
fabulous: 굉장한, 믿어지지 않는, 거짓말 같은
lease: 임대하다
go wrong: 잘못되다
deal: 거래
drop by: 들르다 (visit)
pick up: 고르다, 사다

■ Grammatical Points

Why don't you drop by⋯?

: 'why don't you~'는 권유를 나타내는 문장으로서 '~하지 그
래'라는 의미이다.

Let me see what you've picked up.

: what 이하는 '의문사+주어+동사' 순서의 간접의문문이다

※ 간접의문문

간접의문문은 의문문이 문장의 일부로 되어 있는 경우인데, 의문사와 접속사로 이끌려 [주어+동사]의 어순을 갖는다. 의문사가 있는 경우에는 그 의문사를 그대로 쓰고, 의문사가 없을 때는 if나 whether를 써서 두 글을 연결한다.

I know+who is he → I know who he is. (나는 그가 누군지 안다.)
Do you know who she is? (그녀가 누구인지 아니?)
Do you know?+Is he a doctor?
→ Do you know if (or whether) he is a doctor?

‖주의‖ think, believe, imagine, guess, suppose 등의 동사가 쓰일 때는 의문사가 문장의 맨 앞에 놓인다.
Do you think+Who is he?
→ Who do you think he is? (너는 그가 누구라고 생각하니?)

※ let me+동사원형

사역동사 let은 'let+목적어+동사원형'의 형태로 쓰이는데, 목적어로 me가 오면 보통 '(제가) …하겠습니다, …하게 해 주세요'로 풀이된다.
e.g. Let me think. (생각해 보겠습니다.)
Let me guess. (제가 맞춰 보겠습니다.)
Let me check. (확인해 보겠습니다.)
Let me take you home. (제가 당신을 집에 데려다 주겠습니다.)
Let me tell you about this. (제가 이것에 대해 이야기하겠습니다.)
Let me put it this way. (이런 식으로 말해 보겠습니다.)

■ Note

대통령의 날 할인판매
2월의 셋째 월요일에 미국 국민들은 조지 워싱턴과 에이브러햄 링컨이라는 두 위대한 대통령에게 경의를 표한다. '미국의 설립자'인 조지 워싱턴은 영국으로부터 최초 13주의 독립을 쟁취한 식민지 군대 사령관이었다. 링컨은 7개의 남부 주들이 미국으로부터 독립하여 자신들만의 나라를 세우려 했던 시기에 남북의 통합을 이루고 노예제도를 종식한 대통령이다. 대통령의 날에 소매점들이 할인판매를 하는 것이 관습으로 되어 있다.

07 How Much Your life is Shortened?

과체중이면 수명이 얼마나 단축될까?

Reading Comprehension

① If you were overweight, you basically lived three years less long and if you were obese, you lived approximately six to seven years less long. So what's the difference between overweight and obese? ② It's based on the body mass index, which is the ratio of weight and height. For example, a 40-year-old woman who's five-foot-five and weighs more than 150 pounds is considered overweight. And she can expect to cut three years of life expectancy. Add another 30 pounds to that same woman—she now weighs over 180pounds—she's considered obese and she'll lose a total of seven years of life.

③ Smokers who have the middle-age spread are hit with a double whammy. Obese smokers can subtract seven more years from life expectancy. ④ That means smoking men and women will live 13 to 14 years less than their non-smoking normal-weight neighbors.

과체중일 경우 기본적으로 3년의 수명이 단축되며 비만인 경우는 6~7년 정도 수명이 단축됩니다. 그렇다면 과체중과 비만의 차이점을 무엇일까요? 그 차이는 체질량지수, 즉 체중과 신장의 비율에 따라 결절됩니다. 예를 들어, 키가 5피트 5인치(약 165cm)인 40세 여성의 경우, 체중이 150파운드(약 68kg) 이상이면 과체중이라고 봐야 합니다. 이 여성의 수명은 3년 단축될 것으로 예상됩니다. 체중이 30파운드(약 14kg) 더 증가하면, 즉 체중이 180파운드(약 82kg)가 넘으면 비만인 셈이고, 수명은 총 7년이 단축될 것입니다.

두둑한 뱃살을 가진 중년의 흡연자들은 이중으로 수명이 단축됩니다. 비만 흡연자들의 수명은 적어도 7년은 더 단축될 수 있습니다. 다시 말해 (비만인)흡연자들은 정상 체중의 비흡연자에 비해 13~14년 짧게 살게 되는 것입니다.

overweight: 과체중
less long: long의 열등비교형, 덜 오래, less는 little의 비교급
obese: 비만의
approximately: 대략
shorten: 줄이다
difference: 차이점
be based on: ~을 기초로 하다
body mass index: 체질량지수
which: 관계대명사의 계속적 용법으로서 and it과 같은 뜻
ratio: 비, 비율
weight: 무게
height: 키
five foot five=five feet five inches
consider: ~에 대해 생각하다
life expectancy: 기대수명
middle-aged: 중년의
hit: 타격을 주다 (hit-hit-hit)
middle-age spread: 뱃살
whammy: 재앙
subtract: 빼다
weigh: 무게가 나가다

■ Grammatical Points

① **If you were overweight, you basically lived three years less long**

: (네가 과체중이라면 너는 기본적으로 3년은 덜 살게 될 것이다.)
가정법 과거는 현재사실을 반대로 가정해 보는 것으로서 'If+주어+동사의 과거형(were), 주어+would+동사의 원형'의 형태이다.

② It's based on the body mass index, which is the ratio of weight and height.

: 관계대명사 계속적 용법으로서 'which'는 'and it(body mass index)'으로 바꿔 쓸 수 있다.

③ Smokers who have the middle-age spread are hit with a double whammy.

: who는 주격 관계대명사로서 who have the middle-age spread 가 smokers를 수식하는 문장이다. 동사 are hit은 수동태이다.

④ That means smoking men and women will live 13 to 14 years less than their non-smoking normal-weight neighbors.

: That means 뒤에 접속사 that이 생략되었다.

Speaking Practice

A: I think so many Americans _____ every day. Almost all the people at my office would ___ in the morning and go to aerobic class or a gym after _____.

나는 너무 많은 미국인들이 매일 운동을 한다고 생각합니다. 저희 사무실 사람은 거의 아침에는 조깅을 하고 퇴근 후에는 에어로빅이나 체육관에 갑니다.

B: It's true that people are very _____ of their weight. But I think there are many Koreans who also are concerned. Every ____ hour, I see _____ of people jogging around the nearby park. It's ___ crowded ____ there is hardly any _____ to move.

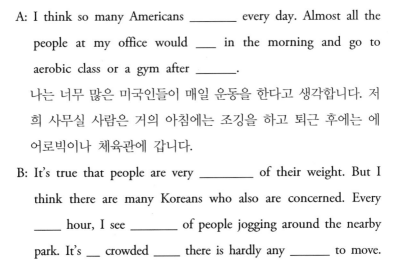

실제로 모두 체중에 신경을 쓰고 있습니다. 하지만 많은 한국인도 신경 쓰고 있잖아요. 점심시간에 수백 명의 사람들이 공원에서 조깅하는 것을 봅니다. 사람이 너무 많아서 비집고 갈 틈도 거의 없다니까요.

A: Is that right? Maybe I should try it myself. I need to stay in good physical condition.

그렇습니까? 저도 해봐야겠군요. 건강을 유지할 필요가 있으니까요.

B: Maybe you should consider _____ an aerobic class.

아마도 에어로빅 반에 들어가야겠네요.

A: From what I've heard, aerobic is too strenuous for me. I'm ____ old for that.

내가 들은 바로는 에어로빅은 저에게 너무 과한 것 같습니다. 그것은 내 나이에는 너무 무리에요.

B: You must be _____. You're in better _____ than you think.

무슨 말씀이세요. 당신은 당신이 생각한 것보다 훨씬 건강하신데요.

A: Fine! Aerobic is much more _____ than running around the park.

좋습니다. 에어로빅은 공원 주위를 달리는 것보다 훨씬 재미있지요.

■ Words & Phrases

exercise: 운동하다
be conscious of: ~을 의식하다
concerned: 염려하고 있는
hundreds of: 수백의
hardly: 거의~아니다
room: 여지, 빈자리
stay in good physical condition: 좋은 신체적 건강을 유지하다
strenuous: 격렬한
be in good shape: 몸의 상태가 좋다
kid: 농담하다

■ Grammatical Points

It's true that people are very conscious of their weight.

: It은 가주어, that 이하는 진주어이다. '사람들이 자신들의 체중을 의식하는 것은 사실이다'라는 뜻이다.

I think there are many Koreans who also are concerned.

: who는 주격 관계대명사로서 who also are concerned는 many Koreans를 수식한다.

I see hundreds of people jogging.

: '지각동사(see)+목적어+현재분사'의 형태로 '나는 수백의 사람이 조깅하는 것을 본다'라는 뜻이다.

It's so crowded that there is hardly any room to move.

: 'so~ that…'은 '대단히~해서 …하다'이며 'that…'은 결과를 나타내는 부사절이다.

Maybe you should consider attending an aerobic class.

: consider 뒤에 목적어로 동명사가 온다.

From what I've heard, aerobic is too strenuous for me.

: 관계대명사 what은 '선행사+관계대명사'로 선행사를 이미 포함하고 있으며 '…하는 것'이라고 해석한다.

the thing(s) that으로 풀어 말할 수 있으며 선행사를 군이 언급할 필요가 없을 때 쓴다.

※ what의 여러 가지 쓰임

- 의문사 what: '무엇'이라는 의미로 의문문의 문두에 쓰인다.
  e.g. What is wrong with this phone?
  (이 전화기는 무엇이 문제니?)

- 간접의문문에 쓰이는 의문사 what: 간접의문문을 이끌어 동사의 목적어 역할을 한다.
  e.g. I wonder what he like to eat.
  (나는 그가 무엇을 먹고 싶은지 궁금하다.)

- 관계대명사 what: 선행사를 포함한 관계대명사로 전체 문장의 주어, 목적어, 보어 역할을 한다.
  e.g. This is what I want.
  (이것이 내가 원하는 것이다.)

High divorce rate
높은 이혼율

Reading Comprehension

The reason for our nation's high divorce rate is that we have such strong expectations of marriage. ① We expected our spouse to be a lover, a friend, a counselor, a career person, and a parent. For example, ② in one survey conducted in 2005, unhappily married people, especially men, expressed unrealistic expectations about marriage.

On the other hand, those with happy marriages showed the most respect toward their spouses. In short, ③ the most important thing that happily married couples have in common is not to expect too much but to respect each other.

우리나라의 높은 이혼율의 이유는, 우리가 결혼에 대해 상당히 높은 기대를 가지고 있기 때문이다. 우리는 배우자가 연인, 친구, 카운슬러, 전문 직업인, 그리고 부모까지 되어주기를 기대한다. 예를 들어 2005년에 실시된 한 설문에서 불행한 결혼생활을 하는 부부는, 특히 남성의 경우는 결혼에 대한 비현실적인 기대감을 나타냈다.

반면 행복한 결혼 생활을 하는 부부는 그들의 배우자에 대해 가장 큰 존경심을 보였다. 간단히 말해서, 행복한 결혼 생활을 하는 부부가 공통으로 가진 가장 중요한 점은 너무 많은 기대를 하지 않는 대신 서로 존중한다는 것이다.

■ Words & Phrases

divorce rate: 이혼율
spouse: 배우자
conduct: ~을 실시하다, 수행하다
in one survey (which was) conducted in 2005: 2005년에 실시된 조사
unrealistic: 비현실적인
those=people: 사람들
on the other hand: 또 한편으로는
in short: 간략하게 말하면
the most thing that happily married couples: happily married couples가 the most thing을 수식
have~ in common: ~한 점에서 같다, 공통점이 있다
not A but B: A가 아니라 B, not to expect⋯ but to respect 기대하는 것이 아니라 존경하는 것

■ Grammatical Points

① We expected our spouse to be a lover, a friend, a counselor, a career person, and a parent.

: 'expect A to B'는 'A가 B 하는 것을 기대하다'라는 뜻으로 our spouse(우리의 배우자)가 a lover, a friend, a counselor, a career person, and a parent가 되기를 기대한다는 뜻이다.

② in one survey (which was) conducted in 2005

: (주격 관계대명사 which+be 동사) 생략되었고 conducted는 one survey를 수식하여서 실시된 조사라고 해석된다.

③ the most important thing that happily married couples have in common

주어(행복하게 결혼한 커플들이 공통적으로 가진 가장 중요한 것은)

is not to expect too much but to respect each other.

: 'not A but B'는 'A가 아니라 B'라는 구문으로 not to expect too much but to respect each other는 '너무 많은 기대를 하는 것이 아니라 서로 존경하는 것'이라는 뜻이다. to expect와 to respect는 보어를 나타내는 to 부정사의 명사적 용법이다.

Speaking practice

M: Paula! You've been _____ __ your make-up for an hour now.

Hurry up, __ we'll be late.

Paula! 당신 지금 한 시간 동안 화장하고 있어요. 서둘러요, 그렇지 않으면 늦겠어요.

W: Don't rush me. I'm _____. Oh, Jack, you're not _____ a suit!

재촉하지 마세요. 다했어요. 오, Jack, 정장을 입지 않았군요!

M: You gave me this shirt as a birthday present last week.

당신이 이 셔츠를 지난주에 내 생일 선물로 주었잖아요.

W: But you have to wear a suit. They do not _____ jeans and a casual shirt.

하지만 당신은 정장을 입어야 해요. 청바지와 캐주얼 셔츠를
입고 들어갈 수 없어요.

M: That's _____!

그건 말도 안 돼요!

W: It says here on the _____ that you _____ wear something
____. Here's your necktie.

초대장에 정장을 입어야 한다고 적혀 있어요. 넥타이 여기 있
어요.

M: I don't like _____ neckties. I want to listen to music in
comfort.

넥타이 매기 싫어요. 편안하게 음악을 듣고 싶어요.

W: This is not a rock concert!

이 공연은 록 콘서트가 아니에요.

M: All right, okay. You ____. Just give me five minutes.

알았어요. 당신이 이겼어요! 5분만 주세요.

■ Words & Phrases

put on: 입다, 쓰다
casual: 평상복의
ridiculous: 우스꽝스러운
invitation: 초대장, 안내장
comfort: 편안함, 안락함

■ Grammatical Points

Hurry up, or we'll be late.

: '명령문, or…'는 '…해라, 그렇지 않으면'으로 해석해야 한다.

You gave me this shirt as a birthday present last week.

: 수여동사 gave가 쓰인 4형식 문장을 3형식 문장으로 바꿔 쓸 수 있다.

(gave me this shirt=gave this shirt to me)

※ 수여동사

- 수여동사의 의미
  give, tell, make, buy, lend, send, bring, show, write, teach 등과 같이 2개의 목적어를 가지며 '…에게 ~해주다'로 풀이되는 동사이다.

- 수여동사의 쓰임
  '수여동사+간접목적어+직접목적어'의 형태로 쓰여 '…에게 ~해주다'의 의미를 나타내며, 이런 문장을 4형식 문장이라고 한다. 이것을 3형식 문장으로 바꾸면 간접목적어 앞에 전치사가 와서 '수여동사+직접목적어+전치사+간접목적어'가 되는데, 동사에 따라 오는 전치사가 다르다.
  - to를 쓰는 동사: give, tell, lend, send, show, write 등
  - for를 쓰는 동사: make, buy, cook, bake 등
  - of를 쓰는 동사: ask
    e.g. I will send her some flowers.
    → I will send some flowers to her.
    (나는 그녀에게 꽃을 좀 보낼 것이다.)
    My mom made me the dress.
    → My mom made the dress for me.
    (엄마는 나에게 원피스를 만들어주셨다.)

It says here on the invitation that you should wear something formal.

: It은 가주어 that… 이하는 진주어이다. 'It says here on the invitation'은 '여기 초대장에 쓰여 있다'라는 표현이다. something formal은 정장을 의미한다. something은 형용사가 뒤에서 수식한다.

Unit 09 Gold Collar Workers

골드칼라 노동자들

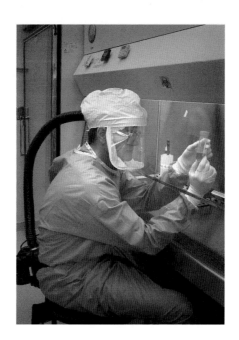

Reading Comprehension

① There are many kinds of jobs in our society. You have often heard of white collar workers and blue collar workers. Have you ever heard of gold collar workers?

Factory workers are called blue workers, and office workers are called white collar workers. But who are gold collar workers?

② Here comes a young man, on his way to work, wearing blue jeans and sports shoes. The man works at the computer system department in a company. He probably earns twice as much as a white collar worker.

③ He is said to be a model gold collar worker.

④ Gold collar workers are those who collect, process, analyze, and spread information. And, they are ready to receive and accept new ideas quickly, they include scientists, engineers, computer experts, salespeople, medical people, and many others. They are independent and creative.

우리 사회에는 많은 종류의 직업이 있다. 여러분들은 종종 화이트 칼라 근로자들이니 블루칼라 근로자들이니 하는 말을 들어본 적이 있다. 그런데 골드칼라 근로자들이란 말을 들어본 적이 있는가?

공장 근로자들을 블루칼라 근로자들이라고 부르고, 사무실 근로자들을 화이트칼라 근로자라고 부른다. 하지만 골드칼라 근로자들은 누구인가?

여기 한 젊은이가 오고 있는데 청바지와 스포츠화를 신고, 직장으로 출근하는 도중이다. 그 사람은 회사의 컴퓨터 시스템 부서에 근무하고 있다. 그는 아마 화이트칼라 근로자들보다 두 배를 벌 것이다. 그 사람이 바로 전형적인 골드칼라 근로자라고들 말한다.

골드칼라 근로자들은 정보를 수집, 처리, 분석 및 보급하는 사람들이다. 그리고 그들은 새로운 아이디어들을 재빨리 받아들이고 수용할

준비가 되어 있다. 골드칼라 근로자들은 과학자, 기술자, 컴퓨터 전문가, 판매원, 의료분야 종사자 등등 많은 다른 직업인들을 포함한다. 그들은 독립심이 강하고 창조적이다.

■ Words & Phrases

gold: 금, 금으로 만든
jean: 진바지
earn: 벌다
model: 전형적인
collect: 수집하다
process: 처리하다, n. 과정
analyze: 분석하다, n. analysis 분석
be ready to: 걸핏하면~하려드는,~하기 쉬운
expert: 숙련가, 전문가
medical: 의학의
independent: 자주적인, 자유로운, 독립의
creative: 창조적인

■ Grammatical Points

① **There are many kinds of jobs in our society.**

: 유도부사 there가 앞에 와서 동사와 주어의 어순이 바뀐다. 뒤에 주어가 복수(many kinds of jobs)이므로 동사가 are이다. 뒤에 단수가 오면 there is가 온다.

② Here comes a young man,

  : 'Here comes+주어'는 '주어가 이리로 오고 있다.'

③ He is said to be a model gold collar worker. (수동태)

  =It is said that he is a model gold collar worker. (수동태)

  =They say he is a model gold collar worker. (능동태)

④ Gold collar workers are those who collect, process, analyze, and spread information.

  : 'those who…'는 '하는 사람들.' those=people

Speaking Practice

A: _____ _____ have you been in Korea?

한국에서 얼마나 지냈습니까?

B: I've been here for six months. I came last December.

6개월 되었습니다. 작년 12월에 왔습니다.

A: Did you come here on _____?

여기에 업무차 오셨습니까?

B: Yes, I was sent by the head office to ____ its branch office in

Seoul. I'll be here for _____ six months.

그렇습니다. 서울지점을 경영하기 위해서 본사에서 파견되었습

니다. 앞으로 6개월 더 있을 예정입니다.

A: How do you like _____ in Korea?

한국에서의 생활은 어떻습니까?

B: I like it very much, but my wife is getting _____.

나는 매우 마음에 듭니다만, 집사람은 향수병에 걸려 있습니다.

A: I'm sorry to _____ that. Does she _____ the American way of life?

그것 안됐군요. 부인께서는 미국에서의 생활양식이 그리운가 보지요?

B: Yes, and she is _____ about our son in college.

그렇습니다. 그리고 집사람은 대학에 다니고 있는 아들이 걱정 되나 봅니다.

■ Words & Phrases

on business: 업무차
head office: 본사
run: 경영하다
another six months: 앞으로도 6개월 더
homesick: 향수병
miss: ~을 그리워하다, ~가 없어서 적적하다
way of life: 생활방식
be worried: ~을 걱정하다

■ Grammatical Points

How long have you been in Korea?

: 현재완료의 계속적 용법으로 '한국에 얼마나 있어 왔냐'라는 표현이다.

I was sent by the head office to run its branch office in Seoul.

: 'The head office send me～'의 수동태이다. 'to run～'은 부정사의 목적(～하기 위하여)을 나타내는 부사적 용법이다.

How do you like+명사(동명사)

: '～을 어떻게 생각하니?'라며 상대방의 의견을 묻는 말이다.

Unit

10

Chinese tourists spending boosts Korean economy

중국 관광객 소비, 한국 경제 촉진

Reading Comprehension

Hundreds of Chinese tourists crammed in front of Korean cosmetics brand counters at Lotte Duty Shop in Seoul, on Tuesday, the last day of their "golden holiday week" that marks China's National Day.

① Leaving little room to walk through in between the counters, female tourists indulged in the last shopping spree of their vacation.

The Chinese National Day holiday, ② which runs from Oct.1-7, is a peak time for shops in popular tourist spots such as Myeong-dong, Dongdaemun and Insa-dong. Tens of thousands of Chinese visit South Korea during the weeklong holiday.

③ A sales clerk said she sees some six to seven large groups of tourists visiting the store each day, and ④ half of them spend 1 million won on skin care and makeup products.

중국 국경절 황금연휴 주간 마지막 날인 지난 7일 서울의 롯데 면세점 국산 화장품 매대 앞에 중국 관광객 수백 명이 빽빽이 들어섰다.

매대 사이에 발 디딜 틈도 없이 들어선 여성 관광객들은 연휴 마지막 쇼핑에 흥청망청 마음껏 돈을 썼다. 중국 국경절(10월 1~7일)은 명동, 동대문, 인사동 등 인기 관광지내 판매점들의 최고 호황기다. 이 연휴 주간에 방한하는 중국인은 수만 명에 이른다.

한 판매원은 약 6~7개의 대규모 관광단이 매일 내점하며 이들 중 절반이 피부 관리 제품과 화장품에 100만 원을 쓴다고 말했다.

■ Words & Phrases

boost: 촉진하다, 뒷받침하다
hundreds of: 수백의
cram: 몰려오다, 밀어닥치다
cosmetics: 화장품
counter: 계산대
mark: (특징을) 이루다
room: 공간, 여지
indulge in: 빠지다, 탐닉하다
spree: 흥 (amusing excitement) ~에 빠지다
tourist spots: 관광지
such as: ~와 같은
tens of thousands of: 수만의
predict: 예측하다
product: 생산품

■ Grammatical Points

① Leaving little room to walk through in between the counters, female tourists indulged in the last shopping spree of their vacation.

: Leaving little room to walk through in between the counters 는 분사구문으로서 = As female tourist leave little room ~에서 접속사 as를 없애고 주절의 주어와 같은 female tourists를 생략 하고 동사 leave에 ~ing을 붙여서 부사절을 부사구로 만든 구 문이다.

※ 분사구문

- 시간, 이유 등의 의미를 갖는 부사절을 분사를 이용하여 간결하게 표현한 구문이다. 분사구문은 문맥에 따라 시간(~할 때, ~하다가), 이유(~해서), 동시동작(~하면서), 조건(~하면) 등의 의미를 가지므로 문장의 전후 관계를 보고 판단한다.
  - (a) 시간(when)
    - e.g. Arriving at the airport, I turned on my cell phone.
      - = When I arrived at the airport, I turned on my cell phone.
  - (b) 이유(since, because, as)
    - e.g. Having a test tomorrow, I have to study all day.
  - (c) 동시동작(while, as, and)
    - e.g. She listened to music chatting with her friends on her smart phone.
  - (d) 조건(if)
    - e.g. Turning left, you will find a house with a green roof.

- 부사절의 시제가 주절의 시제보다 앞설 경우: 부사절의 동사를 'having+과거분사'로 쓴다.
  Since he lost his wallet, he doesn't have any money.
  → Having lost his waller, he doesn't have any money. (o)
  → Losing his waller, he doesn't have any money. (x)

- 부사절의 주어와 주절의 주어가 일치하지 않는 경우: 부사절의 주어를 생략할 수 없다. '주어+동사+~ing' 형태로 쓰며, 이를 독립 분사구문이라고 한다.
  Since it was fine, we went on a picnic.
  (날씨가 좋아서 우리는 소풍을 갔다.)
  → It being fine, we went on a picnic. (o)
  → Being fine, we went on a picnic. (x)

- Being의 생략
  분사구문이 'Being+-ing', 'Being+과거분사'의 형태일 때에는 Being을 생략할 수 있다.
  Since I was listening to music with my earphones, I couldn't hear what he said.
  → (Being) Listening to music with my earphones, I couldn't hear what he said.
  (나는 내 이어폰으로 음악을 듣고 있었기 때문에 그가 한 말을 듣지 못했다.)

② which runs from Oct.1-7

: 문장에서 삽입절이면서 관계대명사 which는 계속적 용법으로서 and it으로 바꿔 쓸 수 있다.

※ 관계대명사의 계속적 용법

● 선행사를 보충 설명해주는 절을 연결하기 위해 관계대명사를 사용하는 것으로, 관계대명사 앞에 콤마(,)가 있다.

● 계속적 용법의 관계대명사절은 선행사를 꾸며주는 것이 아니고 부연 설명하는 것이므로 앞에서부터 순서대로 해석한다.
e.g. My sister, who lives in New York, is a model.
   (나의 언니는 뉴욕에 사는데, 모델이다.)
   I met Tom, who gave me a book.
   (나는 Tom을 만났는데, 그는 나에게 책을 한 권 줬다.)

---

③ A sales clerk said she sees some six to seven large groups of tourists
　　　　　　　　　　　　 지각동사　　　　　　　　목적어

visiting the store each day
목적보어(현재분사)

④ half of them spend 1 million won on skin care and makeup products.

: 'spend+돈+on 명사'는 '돈을~에 쓰다'로 백만 원을 스킨케어와 메이크업 제품에 썼다는 의미이다.

Speaking Practice

A: Welcome back. You've been _____ for several months, haven't you?

돌아오신 걸 환영합니다, 강 선생님. 몇 개월 출장 갔었나 보지요?

B: Yes, I was sent to San francisco last August. My company opened a new _____ office there.

예, 작년 8월 샌프란시스코로 파견되었습니다. 회사가 새 지점을 개설했거든요.

A: You must have had a great deal to do. I hope you were also able to enjoy _____.

많은 일을 하셨겠어요. 하지만 재미도 있었기를 바랍니다.

B: I worked _____ in the States than I do in Seoul. During the

week, I stayed at the office ___ than ten hours each day. But
on _____ there was time to _____.

서울에 있을 때보다 더 열심히 일했습니다. 주중에는 매일 10
시간 이상 회사에 있었습니다. 하지만 주말에는 쉴 시간도 있
었습니다.

A: San Francisco is one of my _____ cities. The restaurants in
the North Beach and China town districts are excellent! Did
you have a chance to go?

샌프란시스코는 제가 좋아하는 도시 중 하나입니다. North 해
변과 차이나타운의 레스토랑은 정말 멋져요. 가보셨습니까?

B: Yes, I visited both area a few times. I _____ fun.

네, 두 군데 다 몇 번 가보았습니다. 즐거웠습니다.

■ Words & Phrases

be away: 떠나서, 멀리(가서)
branch office: 지점
enjoy yourself: 즐겁게 지내다
district: 지역

■ Grammatical Points

I was sent to San francisco last August.

: was sent는 수동태(be 동사+p.p.)로 '보내지다'라는 의미이다. 문
장 끝에 by my company가 생략된 문장이다. 능동태로 고치면
My company sent me to San francisco last August 뜻이다.

You must have had a great deal to do.

: 'must+have+p.p.'는 '~였었음이 틀림없다'라는 듯으로 must(~
임이 틀림없다)의 과거이다. to do는 상당한 양이라는 a great
deal을 수식하는 to 부정사의 형용사적 용법이다. 즉, '할 일이 많
이 있었겠다'라는 뜻이다.

San Francisco is one of my favorite cities.

: 'one of 복수명사'는 '~중의 하나'라는 의미이다.

Insomnia

불면증

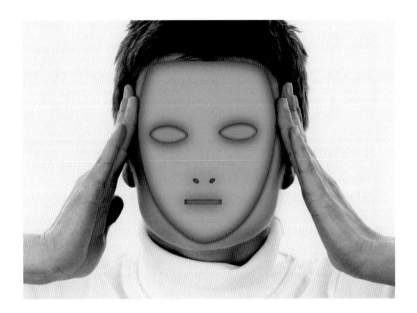

Reading Comprehension

I'm suffering from a bad case of insomnia. I have been unable to sleep nights for the past three months or so. But I don't have any emotional problems.

My home life is a happy one. ① My wife and I have been married for fifteen years, and we're very devoted to each other. As for our two children, they're doing well at school and are always well-behaved. Apart from my insomnia, I'm in a good shape physically.

I work out at a gym twice a week after work. But ② one problem is that I do drink a lot of coffee… strong and black. I drink twenty cups or so a day. In particular I drink it most at night. So I visited a doctor. He said I'd better switch to milk for a while and totally abstain from coffee. Because coffee is quite a strong stimulant and often causes insomnia.

나는 심한 불면증에 걸려 있다. 나는 지난 3개월 정도 잠을 잘 수가 없었다. 그러나 마음을 괴롭히는 문제는 아무것도 없다.

나의 가정생활은 단란하고 15년 동안 결혼생활을 해오면서 서로 사랑하고 있다. 두 명의 자식도 학교생활도 잘하고 행동도 바르다. 나는 불면증을 제외하면 매우 건강하다.

1주일에 2번은 일을 마친 후, 체육관에서 운동을 하고 있다. 단, 나는 굉장한 커피광으로 독한 커피를 블랙으로 하루에 20잔이나 마시며 밤에 가장 많이 마신다. 그래서 나는 의사를 방문했다. 그는 당분간 우유로 바꾸다가 커피를 끊을 것을 권했다. 왜냐하면 커피가 강한 자극제로서, 지나치게 마시면 불면증이 되기 때문이다.

■ Words & Phrases

suffer from: ~을 겪고 있다, ~로 고생하고 있다, from+병명
insomnia: 불면증
insomniac: 불면증 환자
be unable to: ~할 수 없다
or so: ~쯤, ~정도
emotional: 감정적인
seem to: ~처럼 보이다
trouble: 문제, 걱정거리 seem to be 뒤에는 보어(명사, 형용사)가 필요
None~ =I have none
be devoted to: ~에 충실하자, 전념하다, 열중하다
as for: ~은 어떤가 하면, as for me 나로서는
They're doing well at school: 학교에서의 생활을 잘하고 있다
well behaved: 품행이 바른
apart from: ~은 별 문제로 하고, ~은 그만두고
in a good shape: 건강한=in a good condition
physically: 육체적으로, 신체적으로
work out: 운동하다
gym=gymnasium: 체육관
twice a week: 1주일에 2번
In particular: 특히 (especially)
had better: ~하는 편이 낫다
switch: 바꾸다(to)
for a while: 일시, 잠시 [동안]
totally: 아주, 모두 (wholly, entirely)
abstain from: ~을 완전히 단절하다, 삼가하다
cause: 유발하다, 생겨나게 하다
drop in: 들르다
stimulant: 흥분제, 자극제, 자극성의, 격려하는
cause: ~을 야기하다

■ Grammatical Points

① **My wife and I have been married for fifteen years.**

: (나의 아내와 나는 15년째 결혼생활을 하고 있다.)

※ 현재완료

현재완료 시제는 'have+p.p.'의 형태이다. 과거의 한 시점부터 현재까지 일어나는 일을 나타낸다. 현재완료는 과거의 어느 시점을 나타내는 ago, last, yesterday 등과 같은 부사와 함께 쓰지 않는다. 상황에 따라 다음 네 가지로 나눌 수 있다.

· **완료**: 과거의 시작한 일이 현재에 완료되었음을 나타내며 already, yet, just, now 등의 부사와 함께 쓰인다.
   e.g. I've already arrived at the airport.
       (나는 이미 공항에 도착했다.)

· **경험**: 과거와 현재까지의 경험을 나타내며 ever, never, before, once, often, sometimes 등의 부사와 함께 쓰인다.
   e.g. Have you ever been to Africa?
       (아프리카에 가본 적이 있니?)

· **결과**: 과거의 동작의 결과가 현재까지 영향을 미치고 있음을 나타내며 주로 동사 go, come, leave, lose, buy 등과 함께 쓰인다.
   e.g. I have lost the smartphone that my parents bought me as my birthday gift.
       (부모님이 생일 선물로 사주신 스마트폰을 잃어버렸다.)

· **계속**: 과거에 시작된 동작이나 상태가 현재까지 계속됨을 나타내며 since, for 등과 함께 쓰인다.
   e.g. I have worked at this company for 20 years.
       (나는 이 회사에서 20년째 근무하고 있다.)

② <u>one problem is</u> <u>that</u> <u>I do drink a lot of coffee</u>
  　　　주절　　　　　　　　　　　종속절

: 접속사 that은 주절과 종속절을 연결해준다.

종속절이 주어 동사를 보충해주는 보어 역할을 한다. 따라서 종속절 중 명사절이다.

Speaking Practice

A: I need to make an _____ with the doctor.

의사 선생님과 진료 예약을 하고 싶은데요.

B: Okay. We can fit you in on Wednesday at 10.

네, 수요일 10시로 잡아드릴게요.

B: Please tell me about your _____.

증세를 말해주세요.

A: I'm aching ___ ____ and I feel _____.

온몸이 쑤시고 기운이 없어요.

B: Do you have any allergies?

알레르기 있으세요?

A: Yes, I'm _____ to cold medicine.

네, 감기약에 알레르기 있어요.

■ Words & Phrases

make an appointment: 약속을 정하다
fit in: 맞춰 넣다
symptom: 증상
ache: 아프다, 쑤시다
allergic: 알레르기성의, 알레르기가 생기는

■ Grammatical Points

I'm allergic to cold medicine.

: '감기약에 알레르기가 있다'라는 뜻이다.

■ Note

'돼지고기를 먹으면 알레르기가 생긴다'는 'I'm allergic to pork'라고 한다. 혹은 '이것을 먹으면 속이 좋지 않다'는 'This makes me sick'이다. '저는 식성이 까다로워요'라고 할 때는 'I'm a picky eater'이라고 한다.

'식은땀이 난다'는 'I get night sweat.'
응급 건강진단 용지(Emergency Medical Form)
증상(symptoms)
Temperature(체온), Appetite(식욕)
Pain(통증), Stool(변비), Coughing(기침)
Phlegm(담), Anemia(빈혈), Nausea(구토증)
Heartburn(가슴앓이), Chill(오한), Sneezing(재채기)
Runny nose(콧물), Short of Breath(숨이 참), Dizziness(현기증)

12 Drive-Thru Fast Food

차에 탄 채 주문하는 패스트푸드

Reading Comprehension

The United Stats can lay claim to the origination of the fast-food craze. The first fast-food establishments served hamburgers and fried chicken; however, now ① many other kinds of food are served as well. ② People may be served inside, where there often is an all－you－can－eat salad bar, or they may order and pick up food without even getting restaurant. Fast-food restaurants can now be found worldwide.

패스트푸드의 폭발적인 인기는 미국에서 시작되었다고 할 수 있다. 최초의 패스트푸드 식당들은 햄버거와 튀긴 닭고기를 제공했다. 그러나 요즘은 다른 음식들도 제공된다. 사람들은 원하는 대로 먹을 수 있는 샐러드바가 있는 식당 안에서 먹을 수 있고, 아니면 식당의 '드라이브스루' 구역에서 심지어는 차에서 내리지 않은 채 음식을 주문하고 가져갈 수 있다. 오늘날 패스트푸드 식당은 전 세계에서 찾아볼 수 있다.

■ Words & Phrases

lay: 주장하다
claim: 요구, 주장
lay claim to: ~을 자기 것이라고 주장하다
origination: 기원, 시작
craze: 열광, 대유행
establishments: 시설 (학교, 병원, 회사, 영업소, 호텔, 가게 등)
serve: (상점에서) 손님에게 응대하다, 식사 시중을 들다
as well: 또한
worldwide: 세계적인

■ Grammatical Points

① many other kinds of food are served as well.

: are served는 수동태(be 동사+p.p.)로서 많은 다른 종류의 음식들이 또한 서비스되어진다는 뜻.

Fast-food restaurants can now be found worldwide. (수동태)

→ We can find fast-food restaurants worldwide. (능동태)

② People may be served inside, where there often is an all−you−can−eat salad bar.

: where는 관계부사로서 and inside의 뜻이다.

Speaking Practice

A: I feel like _____ a burger and fries. There's a fast-food place right around the corner. How about it? You want to drive through or shall we go _____?

나는 버거와 튀김이 먹고 싶은데. 저기 모퉁이를 돌면 패스트 푸드 식당이 있어. 어때? 차에서 먹을까, 안에 들어가 먹을까?

B: Let's go in. There's an all-you-can-eat salad bar, and they also _____ hot soup.

안으로 들어가자. 안에서는 마음대로 먹을 수 있는 샐러드바도 있고, 따뜻한 수프도 제공되니까.

A: Super! Now that I think of it, I'd like a chocolate shake with

my burger. We're in no hurry. We can sit down and _____
while we eat.

좋은 생각이야. 생각해보니까 버거에 초콜릿 셰이크를 같이 먹
고 싶은데. 서두르지 않아도 되니까. 앉아서 먹으면서 좀 쉬자.

B: Now you're talkin'. Let's go. It's my _____.

이제야 말이 통하는군. 가자. 내가 낼게.

■ Words & Phrases

feel like: ~하고 싶은 생각이 들다
drive through: 차에 탄 채 물건을 주문하고 나가는 창구, 줄여서 drive thru
super: 좋아
not that: ~이니까, ~이고 보면
treat: 한턱내기

■ Grammatical Points

I feel like getting a burger and fries.

: feel like '~하고 싶다'라는 표현으로 뒤에 동명사가 온다.

It's my treat.

: 자신이 낼 때 쓰는 표현이다. 다른 표현으로 'It's on me', 'I'll
get it'을 쓸 수 있다.

■ Note

fountain은 soda fountain을 말하며, 패스트푸드점에서 흔히 볼 수 있는 탄산
음료를 컵에 따라 먹을 수 있는 곳을 가리킨다.
"I'd like a large coke, hold the ice."
(콜라 큰 걸로 주세요, 얼음은 빼고요.)

13 Garage Sales

차고 할인 판매

Reading Comprehension

Garage sales, or lawn or yard sales, are ① as big a part of American culture as apple pie and popcorn. Periodically, people clean out excess clothing, furniture, appliances, etc. from their homes and display the goods for sale to passerby, either on their front lawns or in their garages.

The goods are always sold at greatly reduced prices, ② since getting rid of unwanted goods is more important than realizing even a modest profit from the sales.

잔디밭 할인 판매 또는 마당 할인 판매라고도 하는 차고 할인 판매는 사과 파이나 팝콘만큼이나 미국 문화의 큰 부분을 차지한다. 정기적으로 사람들은 집에서 남아도는 옷, 가구, 기구 등을 끄집어내어 행인들에게 팔 목적으로 집 앞 잔디밭이나 차고에 진열한다.

원하지 않는 물건들을 없앤다는 것이 할인 판매로 적은 이익을 얻는 것보다 더 중요하기 때문에, 그 물건들은 항상 헐값에 팔린다.

■ Words & Phrases

lawn: 잔디
yard: 뜰
as… as～: ～만큼 …한
periodically: 정기적으로
clean out: 깨끗하게 쓸어내다
excess: 초과, 과다
clothing: 옷
appliance(s): 기구, 설비, household appliances 가정용구
medical appliances: 의료기구
etc.: =and so forth 등등, 따위
display: 진열하다
goods: 상품
passerby: 행인
either A or B: A나 B 둘 중의 하나
reduced price: 할인된 가격
since: 왜냐하면
getting rid of: 없애다
modest: 겸손한, 조촐한

① as big a part of American culture as apple pie and popcorn.

: as 형용사+관사+명사 as~ (어순 유의)

② since getting rid of unwanted goods is more important than realizing even a modest profit from the sales.

: since는 '왜냐하면'이고 getting rid of unwanted goods에서 getting이 동명사로서 주어이다.

※ since의 쓰임

· ~ 이래로 (전치사)
  e.g. We have known each other since last year.
  (우리는 작년 이후로 서로 알고 지내왔다.)

· ~ 이래로 (접속사)
  e.g. I haven't seen him since he moved to Seoul.
  (그가 서울로 이사 간 이후로 나는 그를 본 적이 없다.)

· ~ 때문에 (접속사)
  e.g. Since she was very tired, she fell asleep soon.
  (그녀는 매우 피곤했기 때문에 곧 잠이 들었다.)

※ 동명사의 쓰임

동명사는 문장에서 명사처럼 주어, 목적어, 보어 역할을 한다.

· 주어
Singing is my favorite activity.
(노래하는 것은 내가 가장 좋아하는 활동이다.)

· 목적어
I am considering going abroad. <동사의 목적어>
(나는 해외로 가는 것을 생각 중이다.)
She is looking forward to seeing her favorite singer. <전치사의 목적어>
(그녀는 자신이 가장 좋아하는 가수를 보는 것을 고대하고 있다.)

· 보어
My favorite activity is singing.
(내가 가장 좋아하는 활동은 노래하는 것이다.)

Speaking Practice

A: What are you _____ to do with that old lamp and coffee table?

그 낡은 램프와 커피 테이블로 무엇을 할 계획이에요?

B: I hope that I can get a little something from them at the _____ ___. I'm planning for this Saturday.

이번 토요일 예정인 차고 할인 판매에서 그것들로 약간의 작은 무엇이라도 얻을 수 있기를 바래요.

A: Hey, I've got some things I'd like to get ___ of, too. How about we do it together at my place since my garage is bigger?

이봐요, 나도 처분해야 할 물건들이 조금 있어요. 내 차고가 더 크니 내 집에서 우리가 함께하는 것이 어때요?

B: No problem. I'll have my husband _____ out the rest of the stuff
from the _____ while we're at it.

좋아요. 우리가 그것을 하는 동안 내 남편에게 다락에 있는 나머지
물건들을 비우라고 하지요.

■ **Grammatical Points**

At the garage sale I'm planning for this Saturday.

: 이 문장은 at the garage sale which I'm planning for this
Saturday에서 목적격 관계대명사 which가 생략된 구문이다. I'm
planning for this Saturday가 바로 앞의 the garage sale을 수식한다.

I've got some things I'd like to get rid of, too.

: 이 문장도 I've got some things that I'd like to get rid of, too에
서 목적격 관계대명사 that이 생략된 구문이다. I'd like to get rid

of가 some things를 수식한다.

How about we do it together at my place?
: 'How about'은 '~는 어때?'라는 뜻이고 my place는 'private house', 즉 내 집이라는 뜻이다.

since my garage is bigger
: 이 문장에서 since는 '~이기 때문에,~이므로'의 뜻이다.

I'll have my husband clear out the rest of the stuff from the attic.
: have는 사역동사로 'have+목적어(my husband)+동사원형(clear out)'의 구문을 사용하며 '…를~하게 하다(시키다)'라는 의미이다. 사역동사로는 make, let 등이 있다.

14 Time to Enjoy Watermelon!

수박을 즐길 때입니다

Reading Comprehension

Summer is a fun season. But ① the hot weather often makes us feel tired, so it is important to drink a lot of water during the hot summer. ② Eating watermelon is another way to stay hydrated in this hot season.

It is 92 percent water. The summer fruit is delicious and nutritious!

In fact, watermelon delivers more nutrients per calorie than many other fruits. Watermelon is a wonderful healthful food because it doesn't contain any fat or cholesterol. And it is high in fiber, vitamins A and C.

③ Watermelon is grown in over 96 countries all over the world. It comes in many colors, shapes, and sizes. Over 1,200 varieties of watermelon are grown world wide. There are more than 50 varieties in the U.S. alone.

수박을 즐기는 때입니다. 여름은 즐거운 계절이지만 무더운 날씨가 우리를 자주 지치게 합니다. 따라서 무더운 여름 동안 물을 많이 마시는 것은 중요한 일입니다. 수박을 먹는 것은 이 더운 계절에 수분을 유지하는 또 다른 방법입니다.

수박의 92퍼센트가 물이랍니다. 이 여름 과일은 맛있고 영양가도 많습니다. 사실, 수박은 많은 다른 과일보다도 칼로리당 더 많은 영양분을 제공합니다. 수박은 지방이나 클레스테롤을 전혀 포함하고 있지 않기 때문에 건강에 좋은 훌륭한 식품이랍니다. 또한 수박에는 섬유질, 비타민 A와 C가 많이 들어 있습니다.

수박은 전 세계 96개국 이상에서 재배됩니다. 수박의 색깔, 모양, 크기는 다양합니다. 전 세계적으로 1,200종이 넘는 수박이 재배되고 있습니다. 미국에만 50종이 넘는 수박이 있답니다.

■ Grammatical Points

① the hot weather often makes us feel tired,

: 사역동사 make는 목적어 us 다음에 목적격 보어로 동사원형
(feel)을 취한다.

② Eating watermelon is another way to stay hydrated

: stay hydrated는 수분을 유지하다. 이 문장에서 stay는 '~하
게 되다'의 뜻이다. stay hungry는 배고픈 상태다. stay firm는
굳센 상태에 있다.

· become
e.g. She became confused.
(그녀는 혼란스러워졌다.)

· get
e.g. They soon got tired.
(그들은 피곤해졌다.)

· come
e.g. Dreams come true.
(꿈은 이루어진다.)

· turn
e.g. The leaves turned red.
(잎들은 빨간색으로 변했다.)

· go
e.g. He went crazy after his son got hurt.
(그는 아들이 다치게 된 후에 미쳐버렸다.)

· fall
e.g. The baby fell asleep.
(그 아기는 잠들었다.)

③ Watermelon is grown in over 96 countries all over the world.

: 수동태 문장이다.

※ 수동태 vs 능동태

능동태는 동작을 하는 행위자가 주어로 쓰인 문장이고, 수동태는 동작을 받는 대상이 주어로 쓰인 문장이다.
　e.g. John hit my brother. (존이 내 동생을 때렸다.) 능동태
　My brother was hit by John. (내 동생이 존에게 맞았다.) 수동태

Speaking Practice

A: Are these apples ripe?

이 사과들은 익은 건가요?

B: Sure. They are very _____ and _____. I _____ them in this morning from Daegu.

물론이죠. 맛있고 신선하답니다. 대구에서 오늘 아침에 가져왔어요.

A: Give me one box. Those bananas don't look ____.

한 상자 주세요. 저기 바나나는 익지 않은 것 같네요.

B: You're right. But these ones here are ripe and very sweet.

맞아요. 하지만 여기 있는 것들은 맛있게 익었답니다.

A: How _____ is it for one _____?

한 다발에 얼마인가요?

B: Two dollars.

2달러에요.

A: This one seems to be bruised.

이건 멍이 들어 보이는 데요.

B: I'll get you a fresh one.

신선한 것으로 드릴게요.

■ Words & Phrases

ripe: 익은
bunch: 다발, a bunch of grapes, a bunch of bananas
bruise: 멍, 멍이 들다, 상처를 내다 (식물, 과일 따위의) 찌그러진 부분

■ Grammatical Points

these ones here are ripe and very sweet.

: ones는 bananas를 대신한 대명사이다.

I'll get you a fresh one.

: '신선한 바나나로 주겠다'라는 뜻으로 4형식 문장이다.

Unit 15

Keeping my pet gives me both benefits and difficulties

애완동물 기르기의 장점과 단점

Reading Comprehension

① I think keeping my pet gives me both benefits and difficulties. I live in a small apartment. Before I got my pet, I felt lonely. I didn't have a chance to meet neighbors. Now, I don't feel lonely because I am always with my pet. Besides, ② I get a chance to meet other people because my pet leads me to them around my apartment building. Also, I get out more and get more exercise because I have to walk my pet.

However, there are some difficulties. ③ I have to keep him quiet and be careful when I walk with him. It might disturb my neighbors. In addition, there are some residents who think it is not good for their health to have pets around their apartment.

나는 아파트에서 애완동물을 기르는 것은 장점과 단점이 있다고 생각한다. 나는 작은 아파트에 살고 있다. 애완동물을 키우기 전에 나는 외로웠다. 나는 이웃을 만날 기회도 없었다. 지금은, 나는 내 애완동물과 항상 같이 있기 때문에 외로움을 느끼지 않는다. 게다가 내 애완동물이 내 아파트 주위의 사람들에게 나를 이끌기 때문에 나는 다른 사람들을 만날 기회를 갖는다. 또한 내 개를 산책시켜야 하기 때문에 더 자주 밖으로 나오고 더 많은 운동을 한다.

그러나 어려움도 몇 가지 있다. 나는 내 개를 조용히 시켜야 하고, 산책시킬 때 조심해야 한다. 이웃들을 방해할 수도 있기 때문이다. 게다가 아파트 주위에서 애완동물을 키우는 것이 건강에 좋지 않다고 생각하는 몇몇 주민들도 있다.

■ Words & Phrases

benefit: 이점
both A and B: A와 B 둘 다
neighbor: 이웃, 이웃사람
besides: 게다가
lead A to B: A를 B로 이끌다
walk: 산책시키다
disturb: 방해하다
in addition: 게다가
resident: 주민, 거주자

■ Grammatical Points

① I think keeping my pet gives me both benefits and difficulties.

: I think가 주절이고 keeping my pet gives me both benefits and difficulties가 종속절이다. 종속절의 주어는 keeping my pet로서 keeping은 동명사이다.

② I get a chance to meet other people

: to meet는 chance를 꾸며주는 to부정사의 형용사적 용법이다.

③ I have to keep him quiet

: 'keep+목적어(him)+목적보어(quiet)'의 의미로 him은 개를 의미하며 quiet는 him을 보충 설명하는 역할을 하고 있다.

※ 목적격 보어 자리에 형용사가 오는 5형식 문장

· 'keep+목적어+형용사': …을~ 한 상태로 유지하다 [보관하다]
  e.g. I put the food in the refrigerator to keep it cool.
  (나는 음식을 차갑게 보관하기 위해 냉장고에 넣었다.)

· 'make+목적어+형용사': …을~ 한 상태로 만들다
  e.g. Your smile always makes me happy.
  (너의 미소는 항상 나를 행복하게 한다.)

· 'find+목적어+형용사': …이~ 인 것을 알다 [깨닫다]
  e.g. She found the book very interesting.
  (그녀는 그 책이 매우 흥미롭다는 것을 깨달았다.)

· 'leave+목적어+형용사': …을~ 한 상태로 두다
  e.g. Please, leave me alone.
  (제발 나를 혼자 내버려두세요.)

Speaking Practice

A: Do you have any _____?

너는 애완동물을 키우고 있니?

B: No, but I really want to have one.

아니, 그러나 정말로 키우고 싶어.

A: What animal would you like to have as a pet?

어떤 동물을 애완동물로 키우고 싶니?

B: Well, I'd like to _____ rabbits.

글쎄, 나는 토끼를 키우고 싶어.

A: Why do you want rabbits as pets?

왜 애완동물로 토끼를 키우고 싶니?

B: Because they look so _____.

왜냐하면 그것들은 귀엽게 생겼어.

A: Oh, do you know that rabbit is a lucky animal in America?

하, 넌 미국에서 토끼는 행운의 동물이라는 것을 아니?

B: Really? That's interesting. I didn't know that.

정말? 그것 재미있다. 나는 몰랐었어.

A: In _____, touching a rabbit's foot is considered lucky.

특히, 토끼의 발을 만지는 것은 행복으로 간주돼.

B: Thank you ____ the good information.

좋은 정보 고마워.

■ **Words & Phrases**

pet: 애완동물
rabbit: 토끼
keep: 기르다
in particular: 특히
consider: ~ 이라고 생각하다, 간주하다

■ **Grammatical Points**

What animal would you like to have as a pet?

: as는 '~로'의 뜻으로 '애완동물로 무슨 동물을 키우고 싶니?'의
뜻이다.

Kongnamul bap(soybean sprouts rice bowl)

콩나물밥

Reading Comprehension

① Kongnamul bap is basically rice cooked with kongnamul(soybean sprouts). Simply add soybean sprouts to your rice, and cook the rice ② the same way you normally do, ③ using a little less water because the sprouts will release liquid. The rice soaks up the nutty flavor of the soybean as it cooks. It's also very common to add slightly seasoned beef or pork, giving it another layer of flavor and making it a more substantial dish.

Another popular addition is kimchi! Doesn't kimchi make everything better anyways? In this recipe, I precook the kimchi and meat to develop more flavors before adding them to the rice. ④ With a delicious sauce mixed in, you and your family will love this taste one-dish meal!

콩나물밥은 기본적으로 콩나물로 요리된 밥이다. 콩나물을 밥에다 놓고 물은 좀 덜 사용하여 보통 하는 방식으로 밥을 한다. 왜냐하면 싹(줄기)에서 물이 나오기 때문이다. 요리되면서 밥은 콩의 풍부한 맛을 흡수한다. 가볍게 양념된 쇠고기나 돼지고기를 밥에다 첨가하는 것이 또한 보통이다. 그러면 그것은 또 다른 맛 층을 주면서 더 실속 있는 요리가 되게 한다.

또 다른 첨가물은 김치이다. 김치는 모든 것을 어떻게 하여서든지 더 좋게 만들지 않는가? 이 조리법에서 나는 김치와 고기를 밥에 넣기 전에 더 맛을 내기 위해 미리 요리한다. 맛있는 양념을 섞으면, 당신과 가족들이 이 맛있는 한 끼 식사를 좋아하게 될 것이다.

■ Words & Phrases

soybean: 콩
sprouts: 싹, 새싹, 움
soybean sprouts: 콩나물
normally: 보통 (일반적으로)
add A to B: A를 B에 첨가하다
release: 놓아주다, 풀어주다, 방출하다
liquid: 액체의, 물과 같은
soak up: 흡수하다
nutty flavor: 풍미가 풍부한 맛
slightly: 조금, 가볍게
seasoned: 간을 맞춘, 조미한
layer: 층
substantial: 견고한, 실질적 가치가 있는, 실속 있는
dish: 요리
addition: 첨가
anyways: 어떻게 하여서든지
recipe: 조리법
precook: 미리 요리하다, 미리 익혀두다
develop: 발전시키다, 나타나게 하다

■ Grammatical Points

① Kongnamul bap is basically rice cooked with~

: 이 문장은 Kongnamul bap is basically rice (which is) cooked 에서 주격 관계대명사와 be 동사(which is)가 생략된 구문이다. which is cooked with kongnamul은 바로 앞에 있는 선행사 Kongnamul bap을 수식한다.

② the same way you normally do

: 네가 보통 하는 방식으로

③ **using a little less water**

: 분사구문으로 as you use less water로 바꿔 쓸 수 있다. (물을 덜 넣으면서)

④ **With a delicious sauce mixed in**

: 맛있는 소스가 섞여져

Speaking Practice

A: What would you like to have?

무엇을 먹기 원하니?

B: Well, would you _____ a dish for me?

글쎄, 내게 음식을 추천을 해줄래?

A: How about Gimchi-jjigae? Have you ever _____ it before?

김치찌개 어때? 전에 먹어본 적 있니?

B: No, I haven't. What's that?

아니, 그게 뭔데?

A: It's a ____ stew with Gimchi and pork.

김치와 돼지고기를 넣은 매운 찌개야.

B: I am not accustomed to _____ spicy food. Is there any other kind of food on the menu?

나는 매운 음식을 먹는 것에 익숙하지 않아. 메뉴에 다른 종류의 음식이 있니?

A: Let me see. What about Samgyetang? It's a soup with chicken and ginseng.

가만 있어봐. 삼계탕은 어때? 그것은 닭과 인삼으로 된 스프야.

B: Sounds interesting. I'll have_____. What do you want to have?

흥미로운데. 그것으로 먹을게. 너는 무엇을 먹기 원하니?

A: I'll have the _____ one. It's my favorite. I can't wait to _____ it.

같은 것으로 먹을게. 내가 좋아하는 것이야. 빨리 먹고 싶다.

■ Words & Phrases

have: 먹다
stew: 찌개
be accustomed to+~ing: ~하는 데 익숙하다
spicy: 매운
ginseng: 인삼
favorite: 가장 좋아하는 것

■ Grammatical Points

What would you like to have?

: would like to는 '~하고 싶다'의 뜻으로 want to로 바꾸어 쓸 수 있다. (What do you want to have?)

Have you ever tried it before?

: 'have+p.p.'로 현재완료의 경험 용법으로 사용되었다. 즉, '이전에 그것을 먹어본 적이 있느냐'는 뜻으로 과거의 경험을 물어보고 있다. 이에 대한 응답은 'Yes, I have' 또는 'No, I haven't'로 한다.

I am not accustomed to eating spicy food.

: 'be accustomed to+~ing'는 '~하는 데 익숙하다'(=be used to+~ing)
 e.g. Michael is used to waiting for his girl friend.
 (마이클은 그의 여자 친구를 기다리는 데 익숙하다.)

I'll have the same one.

: one은 부정대명사로 앞에 나온 단어가 반복하여 나오는 경우 one으로 대체하여 사용한다. 여기서 one은 앞에 나온 Samgyetang을 가리킨다.

I can't wait to eat it.

: '빨리 먹고 싶다'의 뜻이다.

17 Ballet

발레

Reading Comprehension

Ballet is nearly 500 years old. Yet it is very young compared with dance itself, which began with primitive people. Ballet began in Italy about the time of Columbus's voyages to America. ① It was quite different then from what it is today. At that time ballet was a court entertainment for the amusement of the nobility at lavish balls and banquets. The first ballet dancers were the royalty and nobles of the court, ② since there were no professional dancers.

Ballet as we know it is the product of many countries. The French organized the technique and gave it liveliness. The Russians added strength and passion. The English gave it delicacy and tenderness. The Americans gave it speed and variety.

발레는 거의 500년이나 되었다. 그래도 원시인들과 함께 시작된 무용 자체와 비교하면 역사가 매우 짧다. 발레는 콜럼버스가 미국으로 항해를 하던 시대에 이탈리아에서 시작되었다. 그때는 오늘날과는 달랐다. 당시에 발레는 사치스러운 무도장이나 연회에서 귀족들의 여흥을 위한 궁중 오락이었다. 최초의 발레 무용수들은 궁중의 신하나 귀족들이었는데, 왜냐하면 직업적인 무용수들이 없었기 때문이었다.

우리가 아는 발레는 여러 나라의 산물이다. 프랑스는 기술을 만들어 거기에 생명력을 주었다. 러시아는 힘과 열정을 보냈다. 영국은 섬세함과 부드러움을 주었고, 미국은 속도감과 다양성을 주었다.

■ Grammatical Points

① It was quite different then from what it is today.

: 'be different from~'는 '~와 다르다'

'what it is'는 '현재의 상태'를 나타낸다.

② since there were no professional dancers.

: since는 '~이니까'의 이유의 뜻이다.

Speaking Practice

A: How was your _____ for the school musical?

　학교 뮤지컬을 위한 오디션이 어땠니?

B: It went well, Mom. I got a _____ in the musical.

　잘 됐어요, 엄마. 뮤지컬에서 한 역을 맡았어요.

A: That's great! Which role did you get?

　잘 됐구나. 무슨 역할을 얻었니?

B: They gave me one of the _____ roles. I'm the father of the
main character.

　나에게 주연들 중에 한 역할을 주었어요. 주인공의 아버지 역이에요.

A: Great··· but, while preparing for the musical, you might have
little time to study.

멋지다… 그러나, 뮤지컬을 준비하느라 공부할 시간이 거의 없을지도 몰라.

B: I think I can _____ it. We are going to practice only once a week.

나는 해결할 수 있으리라 생각해요. 우리는 1주일에 한 번 연습할 거예요.

A: _____, doing two things at a time is more difficult than you think.

그러나 한 번에 두 가지를 하는 것은 네가 생각하는 것보다 더 어려워.

B: I know what you mean, but I think it's worth trying.

무슨 말인지 알아요. 그러나 해볼 만한 가치가 있다고 생각해요.

A: Yes, it'll be a wonderful _____ if you can manage both of them. So, make sure you _____ your studies and other activities.

두 가지 것을 다 병행할 수 있다면 멋진 경험이 될 거다. 그러므로 반드시 공부와 다른 활동을 균형을 맞추도록 해라.

■ Words & Phrases

go: [보통 부사나 부사구와 함께](일이) 진행되다, 진척되다, ~이 되어가다
audition: 오디션
leading role: 주연
handle: 다루다
be worth~ing: ~할 가치가 있다
make sure: 반드시~ 하다

■ Grammatical Points

I think it's worth trying.

: 'be wroth~ing'는 '~할 가치가 있다'는 뜻이다.

It went well.

: 잘 되었다.

Everything went better than I expected. (만사가 예상보다는 잘 되어 갔다.)

make sure (that) you balance your studies and other activities.

: make sure that은 '주의하여~, 정신 차려~해라'의 뜻이다. 즉, 공부와 다른 활동들을 주의하여 균형을 맞추라는 뜻이다.

18 Love can lead to pain

사랑은 고통을 가져올 수 있다

Reading Comprehension

Love does not come with guarantees. We cannot be sure that another person will always love us, and that we can love someone for good. In fact, ① we do lose loved ones and let them leave us. ② We cannot eliminate the possibility that we will be hurt if w choose to love. Our loved ones may die or be injured, or they simply leave us. These are painful experiences, but we cannot avoid them if we choose to love. It is part of human dilemma that love always includes the possibility of being hurt.

However, it needs to be said that avoiding the experience of love can lead to another kind of pain. It has been said that a loveless existence is very painful. Thus, ③ when it comes to love, we're subject to some type of suffering, whether we fall in love or not.

사랑은 보장과 함께 오지 않는다. 다른 누군가가 우리를 영원히 사랑할 것이라는 것과 우리가 누군가를 영원히 사랑할 수 있다는 것을 우리는 확신할 수 없다. 사실, 우리는 사랑하는 사람을 잃기도 하고 그들로 하여금 우리를 떠나게 하기도 한다. 우리가 사랑하는 것을 선택하면 상처를 받게 될 가능성을 제거할 수는 없다. 우리가 사랑하는 사람이 죽거나 부상을 당할지도 모르고, 혹은 그들이 그저 우리를 떠나버린다. 이런 것들은 고통스러운 경험이지만 사랑하기로 선택한다면 그것들을 피할 수 없다. 사랑이 항상 상처받을 가능성을 포함한다는 것은 인간이 안고 있는 딜레마의 일부이다.

하지만 사랑의 경험을 피하는 것이 또 다른 종류의 고통으로 이어질 수 있다고 말할 필요도 있다. 사랑이 없는 삶은 아주 고통스럽다고 말해 왔다. 따라서 사랑에 관한 한 우리가 사랑에 빠지든 빠지지 않든 우리는 어떤 유형의 고통을 받게 된다.

guarantee: 보장
for good: 영원히
In fact: 사실
loved one(s): 가장 사랑하는 사람, 연인, (pl.) 가족
eliminate: 배제하다, 제거하다
when it comes to: ~에 관한 한
injured: 상처를 입은
avoid: 피하다
painful: 고통스러운
thus: 그리하여
whether A or not: A이든 그렇지 않든
be subject to: 받기 쉬운, 피할 수 없는

■ Grammatical Points

① we do lose loved ones and let them leave us.

: do는 lose를 강조하는 대동사이다. 그리고 let은 사역동사로 목적어 (them) 다음에 목적보어로 원형동사 leave가 온다.

② We cannot eliminate the possibility that we will be hurt if w choose to love.

: 목적격 관계대명사 that 이하의 절이 possibility를 수식한다.

③ when it comes to love, we're subject to some type of suffering,

: 'be subject to'는 '~받기 쉬운'의 뜻이다.

e.g. Men are subject to temptation.

Speaking Practice

A: I heard you _____ near Seoul Park last month.

나는 네가 지난달 서울 공원 근처로 이사 갔다는 것을 들었다.

B: Yes, I really love the park.

응, 난 진짜 공원을 좋아해.

A: Do you often take a walk there?

거기에 자주 산책을 가니?

B: Sure. the walking path is very _____ and long.

물론, 산책로가 넓고 길어.

A: I heard it's well known _____ its large grass area.

그곳은 넓은 푸른 잔디로 유명하다는 것을 들었어.

B: So many people enjoy having a picnic there. The park also has
   a large parking ____. That's one of the reasons many families
   _____ the park.
   그래서 많은 사람들이 거기서 소풍을 즐겨. 그 공원은 주차장도
   넓어. 많은 가족들이 그 공원을 더 좋아하는 이유 중의 하나야.

A: Wow, everything sounds _____.
   모든 것이 완벽한 듯하다.

B: I'm satisfied with the park. I'm really happy to live near the park.
   나는 공원에 만족해. 나는 공원 근처에 사는 것이 정말 즐거워.

A: I ____ you. Perhaps I should consider _____ to where you live.
   부럽다. 아마 나도 네가 사는 곳으로 이사를 가는 것을 고려해
   야겠어.

■ Words & Phrases

path: 길
be known for: ~로 알려져 있다
be satisfied with: ~에 만족하다
prefer: 더 좋아하다
consider: 고려하다

■ Grammatical Points

So many people enjoy having a picnic there.

: enjoy는 목적어로 동명사가 온다.

That's one of the reasons many families prefer the park.

: 목적격 관계대명사 which(that)이 생략되었으며 뒤의 절이 선행사 reasons를 수식한다.

Perhaps I should consider moving to where you live.

: consider는 목적어로 동명사가 온다.

moving to place where you live에서 선행사 place가 생략되었다.

※ 관계부사

관계부사는 접속사와 부사의 구실을 하는데 where, when, why, how가 있다.
관계부사는 선행사를 수식하는 형용사절을 이끌며, '전치사+관계대명사(which)'로 바꿀 수 있다.

용도	선행사	관계부사	전치사+관계대명사
장소	the place	where	on(or at) which
시간	the time	when	on(or at) which
이유	the reason	why	for which
방법	(the why)	how	in which

· 관계부사의 선행사 생략: 관계부사의 선행사는 생략될 때가 있다. 이때의 관계부사는 명사절을 이끈다.
This is (the reason) why he was late.
(이것이 그가 늦은 이유다.)
That is the place where we play during the lunch time.
(저기가 우리가 점심시간에 놀 곳이다.)

Choosing a college

대학 선택하기

Reading Comprehension

① In choosing a college, people generally consider several factors.
② Perhaps the most important is whether the school offers a strong
program in a field that interests the students. ③ The catalogs
published by colleges outline their programs and requirements for
degrees and list the course offerings and the faculty.

Cost is another consideration in choosing a school. The tuition at
college has risen dramatically in recent years. Many schools offer

scholarships to help cover expenses. ④ Most schools will provide advice on obtaining student loans and other forms of financial aid.

⑤ Finally students also consider such factors as the size of the school, its location and facilities, and the makeup of the student body.

대학을 선택하면서 사람들은 일반적으로 몇 가지 요소를 고려한다. 어쩌면 가장 중요한 것이 학생의 관심을 끄는 전공 분야에서 강력한 프로그램을 그 학교가 제공하느냐이다. 대학에서 발행한 요강들은 학위에 필요한 프로그램과 요건들을 대략 나타내고, 교육과정과 교수진을 적어 놓고 있다.

비용이 학교를 선택할 때 또 다른 고려 사항이다. 대학의 학비가 최근에 상당히 인상되었다. 학비 충당에 도움을 주기 위해 많은 학교들이 장학금을 주고 있다. 대부분의 학교들이 학생들이 대출이나 여러 형태의 재정적 도움을 얻고자 하는 것에 대해 안내를 해줄 것이다.

마지막으로 학생들은 또 학교의 규모, 위치, 시설, 학생 집단의 구성 같은 요소들도 고려한다.

■ Words & Phrases

degree: 학위
course offerings: 교육과정
faculty: 교수진
tuition: 학비
scholarship: 장학금
loan: 대부
financial aid: 재정적 도움

■ Grammatical Points

① **In choosing a college**~

  : 'in-ing'는 when의 뜻으로 '~할 때'의 뜻이다.

② **Perhaps the most important is whether the school offers a strong program in a field that interests the students.**

  : 관계대명사 that 이하의 절은 strong program을 수식한다.

③ **The catalogs published by colleges outline their programs and requirements for degrees and list the course offerings and the faculty.**

  : '주격 관계대명사 which+are'가 The catalogs와 published 사이에서 생략된 문장이다. 동사 outline과 list가 병렬구조를 이룬다.

④ **Most schools will provide advice on obtaining student loans and other forms of financial aid.**

  : on은 '~에 관한'으로 about의 뜻이다.

⑤ **Finally students also consider such factors as the size of the school,**

  : consider A as B 'A를 B로 간주하다'의 뜻이다.

Speaking Practice

A: How's your new school?

너 새 학교는 어때?

B: I like it a lot.

아주 마음에 들어.

A: Really? What is so good about the school?

그래? 그 학교가 무엇이 그리 좋아?

B: It's very _____ to my house. It's five minutes from home.

우리 집과 아주 가까워. 집에서 5분 거리야.

A: You mean ___ foot?

걸어서 말이야?

B: Yes, and it has a really good _____.

응, 그리고 분위기가 아주 좋아.

A: It must be a good place ＿＿ study.

공부하기에 좋은 곳이겠구나.

B: Right. What's best is that the first class starts at 9:00 in the morning.

맞아. 가장 좋은 점은 첫 수업이 아침 9시에 시작된다는 거야.

A: That's great! You know how hard it is to try to stay ＿＿＿＿ at 8 o'clock in the morning.

그거 좋네! 아침 8시에 잠에서 깨어 있으려고 노력하는 것이 얼마나 힘든지 알잖아.

B: Yes. And we don't have to ＿＿＿＿ too much about tests.

그래, 그리고 시험에 대해 지나치게 걱정할 필요가 없어.

A: Really? Do you have any tests at all?

정말? 시험이 전혀 없는 거야?

B: We do, but just ＿＿＿＿ every semester.

있어. 하지만 한 학기에 한 번뿐이야.

A: It looks like you chose an ideal school for you.

너에게 이상적인 학교를 선택했구나.

■ Words & Phrases

close: 가까운
on foot: 걸어서, 도보로
atmosphere: 분위기
stay awake: 깨어 있다
worry: 걱정하다
once: 한 번
semester: 학기
look like: ~처럼 보이다
ideal: 이상적인

■ Grammatical Points

You mean on foot?

: 차량을 타면 by bus, by taxi, by car이지만, 걸어서는 by foot이
아니고 on foot이다.

It must be a good place to study.

: to study는 place를 수식하는 to 부정사의 형용사적 용법이다.

What's best is that the first class starts at 9:00 in the morning.

: what는 관계대명사로서 '~것'의 뜻이다. that은 보어의 명사절
을 이끄는 접속사이다.

And we don't have to worry too much about tests.

: 'don't have to'는 '~을 말할 필요가 없다'의 뜻이다.

Unit 20

How to improve your relations with people around you

주변 사람들과 관계를 개선하는 방법

Reading Comprehension

How do you improve your relations with people around you? ① What helps your friends understand you better? ② One thing is to simply communicate your needs. The people in your life can't read your mind. You can't always expect them to know exactly what you want or need. You should respectfully express what you like and dislike, and ③ You can't always expect them to know exactly what you want or need. ④ You kindly show them what helps you and what bothers you.

When you want to discuss something with your friend, tell him in advance, "I don't want you to try to solve my problem. ⑤ I just want you to hear me out, because that will help me to work it out." Doing this, your friend does his best to listen and understand you and you can appreciate each other.

당신은 주변 사람들과의 관계를 어떻게 개선하는가? 친구들이 당신을 더 잘 이해하도록 하는 데 무엇이 도움이 되는가? 한 가지 방법은 그냥 당신이 필요로 하는 것을 알려주는 것이다. 당신 삶의 사람들은 당신의 마음을 읽을 수 없다. 당신이 무엇을 원하고 필요로 하는지 그들이 정확히 알기를 항상 기대할 수 없다. 당신은 자신이 무엇을 좋아하고 싫어하는지를 정중하게 표현해야 하고, 무엇이 당신에게 도움이 되고 무엇이 당신을 괴롭히는지를 그들에게 친절하게 알려주어야 한다.

당신이 친구와 어떤 것에 대해 논의하기를 원할 때, 그에게 미리 해두어라. "나는 네가 내 문제를 해결해주려고 애쓰는 것을 원하지 않아. 단지 네가 내 말을 들어주기를 원해. 그것이 내가 문제를 해결하는 데 도움이 되기 때문이야." 이렇게 하면, 당신의 친구는 최선을 다해 당신에게 귀를 기울이고 당신을 이해하게 되며, 서로를 이해할 수 있다.

■ Words & Phrases

improve: 향상시키다
relations: 관계, 사이
need: 필요한 것, 요구
expect A to B: A가 B하는 것을 기대하다
respectfully: 공손하게, 정중하게
express: 표현하다
in advance: 미리
hear out: 끝가지 듣다
work out: 노력하여 이루다, 달성하다
appreciate: 이해하다
each other: 서로

■ Grammatical Points

① **What helps your friends understand you better?**

: 'help+목적어+(to) 동사'는 5형식 문장으로 '…가~하는 것을
돕다'라는 뜻이다. 주어는 what이 주어고 '무엇이 네 친구가
너를 더 잘 이해하게 하느냐'의 뜻이다.

② **One thing is to simply communicate your needs.**

: to simply communicate는 보어로 쓰인 to 부정사의 명사적
용법이다.

③ **You can't always expect them to know exactly what you want
or need.**

: what you want or need에서 what은 관계대명사로서 '~것'으

로 해석된다.

'expect A to B'는 5형식 문장으로 'A가 B 하는 것을 기대하다'
의 뜻이다.

④ **You kindly show them what helps you and what bothers you.**

　: 'show(수여동사)+them(간접목적어)+명사절(직접목적어)' 형태
의 4형식 문장이다.

⑤ **I just want you to hear me out,**

　: 'want+A+to 부정사'의 5형식 문장으로서 'A가~하는 것을 원
하다'의 뜻이다.

Speaking Practice

A: Honey, I want to talk ___ you about my car.

여보, 내 자동차에 대해서 얘기를 하고 싶어요.

B: What's wrong? Did it break _____ again?

무슨 일이에요? 또 고장이 났어요?

A: No. I'm thinking of _____ it.

아니요. 그것을 팔까 생각 중이에요.

B: Can I ask you why?

왜인지 물어봐도 될까요?

A: We don't need two cars. I don't drive very often.

우리는 자동차 2대가 필요하지 않아요. 나는 그다지 자주 운전
하지 않아요.

B: Are you worrying about the _____ of maintaining the car?

자동차를 유지하는 비용에 대해 걱정하는 건가요?

A: Yeah. I don't want to _____ my money on it.

네. 난 그것에 돈을 쓰고 싶지 않아요.

B: It's just a small car. It doesn't _____ that much.

그건 소형차일 뿐이에요. 그렇게 많은 돈이 들지 않아요.

A: Well, we pay taxes and _____ for it.

음, 세금과 보험료를 내잖아요.

B: Let me take _____ of it for you. We might need the car when we have a baby.

내가 그것을 알아서 할게요. 아기가 생기면 우리는 그 자동차가 필요할지도 몰라요.

■ Words & Phrases

break down: 고장 나다
insurance: 보험
respectfully: 정중하게
in advance: 미리
maintain: 유지하다
worry about: ~에 대해 걱정하다
cost: 비용
tax: 세금
insurance: 보험
take care of: ~을 처리하다, 돌보다

■ Grammatical Points

I don't want to spend my money on it.

: 'spend+돈+on 명사' 형태이다.

    e.g. I spent a lot of money on books.

    (책에 돈을 많이 썼다.)

It doesn't cost that much.

: 이 문장에서 that은 부사로서 '그렇게, 그만큼'의 뜻이다.

Answers

Unit 1.
Speaking Practice

A: When is the last day to <u>register</u> for classes?

B: The registration <u>deadline</u> is tomorrow.

A: How many classes are you <u>taking</u>?

B: Three.

A: How many semester hours can we take?

B: 12 units is full load.

A: I will register for English with Professor Chung.

B: I heard she is a <u>tough grader</u>.

A: So did I. I hope the class is not too <u>hard.</u>

B: If it's too hard, we should <u>drop</u> it.

Unit 2.
Speaking Practice

W: Why are you studying English so <u>hard</u>?

M: I want to be a <u>flight attendant</u>, so I've got to be really <u>good</u> at English.

W: Oh, I see. I bet you want to travel <u>around</u> the world.

M: Of course, but I also want to be able to <u>talk</u> <u>to</u> people in other countries.

W: What do you do to help you <u>learn</u>? Read books? <u>Watch</u> movies?

M: No, I <u>use</u> the Internet for a couple of hours every day. I <u>visit</u> news rooms and <u>send</u> e-mails.

W: Wow, you're so <u>motivated</u>.

M: well, I'm getting <u>better</u> and marks have <u>improved</u> a lot.

Unit 3.
Speaking Practice

A: How do you <u>like</u> my new sweater?

B: Very becoming. I <u>especially</u> like that shade of green. What's the occasion?

A: I thought I'd <u>kill</u> two birds with one <u>stone</u>. <u>First</u> of all, I needed a new sweater and, of course, since Saint Patrick's Day is coming up, I thought I'd get it in green.

B: Good thinking. Now all you need are the shoes and skirt to go <u>with</u> it. Green, of course.

A: Of course.

Unit 4.
Speaking Practice

A: <u>Which</u> bus goes to Seoul Station?

B: <u>Take</u> the bus #5, and <u>transfer</u> to metro Blue line at Jongkak.

A: What's the subway <u>fare</u> to there?

B: It's probably around 1500 won.

A: How many <u>stops</u> from Jongkak is it?

B: That would be <u>third</u> stop from there.

A: Which exit is <u>for</u> Seoul Station?

B: <u>Exit</u> number 2. Go <u>straight</u> ahead and you'll come right to it.

Unit 5.
Speaking Practice

A: I'm always amazed at how <u>well</u> you speak English, Young-ho.
   You must have <u>studied</u> very hard.

B: Thank you for the <u>compliment</u>. I <u>began</u> to study English in
   <u>elementary</u> school like everybody else in Korea.

A: But not many people I know speak English as <u>well</u> as you.

B: Don't <u>flatter</u> me. Well, hm··· I listen to the radio and watch
   English programs on television as much as <u>possible</u>.

A: I <u>took</u> some Korean classes when I was a university student.
   And it's been almost a yeat <u>since</u> I came to Korea, but I still

have much difficulty <u>understanding</u> and <u>speaking</u> Korean. Your English is <u>muc</u>h better than my Korean.

B: English is my <u>major</u> in college. So I do nothing <u>but</u> study English.

A: What <u>else</u> do you do to <u>improve</u> your English?

B: I <u>listen</u> to MP3 on the subway.

Unit 6.
Speaking Practice

A: Do you have Presidents' Day <u>off</u> on Monday?

B: Sure do, and I need the <u>break</u>!

A: Doing anything <u>special</u>?

B: I plan to go car shopping. This is the perfect time to do it. All of the car dealers are having fabulous sales on leasing and on buying.

A: You can't go <u>wrong</u> on a day like that. Why don't you drop <u>by</u> after you've gotten "the deal of deals" and let me see what you've picked up?

Unit 7.
Speaking practice

A: I think so many Americans <u>exercise</u> every day. Almost all the people at my office would <u>jog</u> in the morning and go to aerobic class or a gym after <u>work</u>.

B: It's true that people are very <u>conscious</u> of their weight. But I think there are many Koreans who also are concerned. Every <u>lunch</u> hour, I see <u>hundreds</u> <u>of</u> people jogging around the nearby park. It's <u>so</u> crowded <u>that</u> there is hardly any <u>room</u> to move.

A: Is that right? Maybe I should try it myself. I need to stay in good physical condition.

B: Maybe you should consider <u>attending</u> an aerobic class.

A: From what I've heard, aerobic is too strenuous for me. I'm <u>too</u> old for that.

B: You must be <u>kidding</u>. You're in better <u>shape</u> than you think.

A: Fine! Aerobic is much more <u>exciting</u> than running around the park.

Unit 8.
Speaking practice

M: Paula! You've been <u>putting</u> <u>on</u> your make-up for an hour now. Hurry up, <u>or</u> we'll be late.

W: Don't rush me. I'm <u>done</u>. Oh, Jack, you're not <u>wearing</u> a suit!

M: You gave me this shirt as a birthday present last week.

W: But you have to wear a suit. They do not <u>allow</u> jeans and a casual shirt.

M: That's <u>ridiculous</u>!

W: It says here on the <u>invitation</u> that you <u>should</u> wear something <u>formal.</u> Here's your necktie.

M: I don't like <u>wearing</u> neckties. I want to listen to music in comfort.

W: This is not a rock concert!

M: All right, okay. You <u>win</u>. Just give me five minutes.

Unit 9.
Speaking Practice

A: <u>How</u> <u>long</u> have you been in Korea?

B: I've been here for six months. I came last December.

A: Did you come here on <u>business</u>?

B: Yes, I was sent by the head office to <u>run</u> its branch office in Seoul. I'll be here for <u>another</u> six months.

A: How do you like <u>living</u> in Korea?

B: I like it very much, but my wife is getting <u>homesick</u>.

A: I'm sorry to <u>hear</u> that. Does she <u>miss</u> the American way of life?

B: Yes, and she is <u>worried</u> about our son in college.

Unit 10.
Speaking Practice

A: Welcome back, Mr. Kang. You've been <u>away</u> for several months, haven't you?

B: Yes, I was sent to San francisco last August. My company opened a new <u>branch</u> office there.

A: You must have had a great deal to do. I hope you were also able to enjoy <u>yourself</u>.

B: I worked <u>harder</u> in the states than I do in Seoul. During the week, I stayed at the office <u>more</u> <u>than</u> ten hours each day. But on <u>weekends</u> there was time to <u>relax</u>.

A: San Francisco is one of my <u>favorite</u> cities. The restaurants in the North Beach and China town districts are excellent! Did you have a chance to go?

B: Yes, I visited both area a few times. I <u>had</u> fun.

Unit 11.
Speaking Practice

A: I need to make an <u>appointment</u> with the doctor.

B: Okay. We can fit you in on Wednesday at 10.

A: Please tell me about your <u>symptoms</u>.

B: I'm aching <u>all over</u> and I feel <u>weak</u>.

A: Do you have any allergies?

B: Yes, I'm <u>allergic</u> to cold medicine.

Unit 12.
Speaking Practice

A: I feel like <u>getting</u> a burger and fries. There's a fast-food place right around the corner. How about it? You want to drive through or shall we go <u>inside</u>?

B: Let's go in. There's an all-you-can-eat salad bar, and they also <u>serve</u> hot soup.

A: Super! Now that I think of it, I'd like a chocolate shake with my burger. We're in no hurry. We can sit down and <u>relax</u> while we eat.

B: Now you're talkin. Let's go. It's my <u>treat</u>.

Unit 13.
Speaking Practice

A: What are you <u>planning</u> to do with that old lamp and coffee table?

B: I hope that I can get a little something from them at the <u>garage sale</u> I'm planning for this Saturday.

A: Hey, I've got some things I'd like to get <u>rid</u> of, too. How about we do it together at my place since my garage is bigger?

B: No problem. I'll have my husband <u>clear</u> out the rest of the stuff from the <u>attic</u> while we're at it.

Unit 14.
Speaking Practice

A: Are these apples ripe?

B: Sure. They are very <u>sweet</u> and <u>fresh</u>. I <u>bought</u> them in this morning from Daegu.

A: Give me one box. Those bananas don't look <u>ripe</u>.

B: You're right. But these ones here are ripe and very sweet.

A: How <u>much</u> is it for one <u>bunch</u>?

B: Two dollars.

A: This one seems to be bruised.

B: I'll get you a fresh one.

Unit 15.
Speaking Practice

A: Do you have any <u>pets</u>?

B: No, but I really want to have one.

A: What animal would you like to have as a pet?

B: Well, I'd like to <u>keep</u> rabbits.

A: Why do you want rabbits as pets?

B: Because they look so <u>cute.</u>

A: Oh, do you know that rabbit is a lucky animal in America?

B: Really? That's interesting. I didn't know that.

A: In <u>particular</u>, touching a rabbit's foot is considered lucky.

B: Thank you <u>for</u> the good information.

Unit 16.
Speaking Practice

A: What would you like to have?

B: Well, would you <u>recommend</u> a dish for me?

A: How about Gimchi-jjigae? Have you ever <u>tried</u> it before?

B: No, I haven't. What's that?

A: It's a <u>spicy</u> stew with Gimchi and pork.

B: I am not accustomed to <u>eating</u> spicy food. Is there any other kind of food on the menu?

A: Let me see. What about Samgyetang? It's a soup with chicken and ginseng.

B: Sounds interesting. I'll have <u>that</u>. What do you want to have?

A: I'll have the <u>same</u> one. It's my favorite. I can't wait to <u>eat</u> it.

Unit 17.
Speaking Practice

A: How was your <u>audition</u> for the school musical?

B: It went well, Mom. I got a <u>part</u> in the musical.

A: That's great! Which role did you get?

B: They gave me one of the <u>leading</u> roles. I'm the father of the main character.

A: Great··· but, while preparing for the musical, you might have little time to study.

B: I think I can <u>handle</u> it. We are going to practice only once a week.

A: <u>However</u>, doing two things at a time is more difficult than you think.

B: I know what you mean, but I think it's worth trying.

A: Yes, it'll be a wonderful <u>experience</u> if you can manage both of them. So, make sure you <u>balance</u> your studies and other activities.

Unit 18.
Speaking Practice

A: I heard you <u>moved</u> near Seoul Park last month.

B: Yes, I really love the park.

A: Do you often take a walk there?

B: Sure. the walking path is very <u>wide</u> and long.

A: I heard it's well known <u>for</u> its large grass area.

B: So many people enjoy having a picnic there. The park also has a large parking <u>lot</u>. That's one of the reasons many families <u>prefer</u> the park.

A: Wow, everything sounds <u>perfect</u>.

B: I'm satisfied with the park. I'm really happy to live near the park.

A: I <u>envy</u> you. Perhaps I should consider <u>moving</u> to where you live.

Unit 19.
Speaking Practice

A: How's your new school?

B: I like it a lot.

A: Really? What is so good about the school?

B: It's very <u>close</u> to my house. It's five minutes from home.

A: You mean <u>on</u> foot?

B: Yes, and it has a really good <u>atmosphere</u>.

A: It must be a good place <u>to</u> study.

B: Right. What's best is that the first class starts at 9:00 in the morning.

A: That's great! You know how hard it is to try to stay <u>awake</u> at 8 o'clock in the morning.

B: Yes. And we don't have to <u>worry</u> too much about tests.

A: Really? Do you have any tests at all?

B: We do, but just <u>once</u> every semester.

A: It looks like you chose an ideal school for you.

Unit 20.
Speaking Practice

A: Honey, I want to talk <u>to</u> you about my car.

B: What's wrong? Did it break <u>down</u> again?

A: No. I'm thinking of <u>selling</u> it.

B: Can I ask you why?

A: We don't need two cars. I don't drive very often.

B: Are you worrying about the <u>cost</u> of maintaining the car?

A: Yeah. I don't want to <u>spend</u> my money on it.

B: It's just a small car. It doesn't <u>cost</u> that much.

A: Well, we pay taxes and <u>insurance</u> for it.

B: Let me take <u>care</u> of it for you. We might need the car when we have a baby.

정효숙 ────────────────────────

성신여자대학교 영어영문학과 졸업
성신여자대학교 대학원 영문학 석사
경희대학교 경영대학원 관광경영학 석사
숭실대학교 영문학 박사(드라마 전공)
현) 한영신학대학교 선교영어학과 교수

『호텔영어』
『릴리언 헬먼의 작품에 나타난 젠더 역할 연구』
『쉽게 배우는 영작문』
『열린 영어회화』(1, 2)
『(회화가 술술 되는) 기초 영작문』
「Shakespeare의 Plutarch 연구」
「Between Comedy and Tragedy: Measure for Measure, All's Well that Ends Well을 중심으로」
「Death of a Salesman과 The Crucible에 나타난 여성인물 연구」
「성역할의 관점에서 본 Albee의 Martha에 관한 연구」 외 다수

College ① English

초판인쇄 2017년 3월 6일
초판발행 2017년 3월 6일

지은이 정효숙
펴낸이 채종준
펴낸곳 한국학술정보㈜
주소 경기도 파주시 회동길 230(문발동)
전화 031) 908-3181(대표)
팩스 031) 908-3189
홈페이지 http://ebook.kstudy.com
전자우편 출판사업부 publish@kstudy.com
등록 제일산-115호(2000. 6. 19)

ISBN 978-89-268-7798-2 93740